肇庆学院学术著作出版资助金资助
广东省高等教育教学改革项目（20180613）研究成果
广东省教育科学规划课题（2021GXJK089）研究成果
广东省软科学研究计划项目（2020A1010050056）研究成果
全国教育科学“十三五”规划教育部青年课题（EIA200409）研究成果

新时代高等教育与区域经济高质量发展

——创新、协调及治理

李华军　刘　思◎著

中国财经出版传媒集团

图书在版编目（CIP）数据

新时代高等教育与区域经济高质量发展：创新、协调及治理 / 李华军，刘思著. —北京：经济科学出版社，2021.8

ISBN 978-7-5218-2832-0

Ⅰ.①新… Ⅱ.①李… ②刘… Ⅲ.①高等教育-发展-关系-区域经济发展-研究-中国 Ⅳ.①G649.2 ②F127

中国版本图书馆 CIP 数据核字（2021）第 180522 号

责任编辑：张 燕
责任校对：王京宁
责任印制：王世伟

新时代高等教育与区域经济高质量发展
——创新、协调及治理
李华军 刘 思 著
经济科学出版社出版、发行 新华书店经销
社址：北京市海淀区阜成路甲 28 号 邮编：100142
总编部电话：010-88191217 发行部电话：010-88191522
网址：www.esp.com.cn
电子邮箱：esp@esp.com.cn
天猫网店：经济科学出版社旗舰店
网址：http://jjkxcbs.tmall.com
固安华明印业有限公司印装
710×1000 16 开 13 印张 220000 字
2021 年 8 月第 1 版 2021 年 8 月第 1 次印刷
ISBN 978-7-5218-2832-0 定价：66.00 元
（图书出现印装问题，本社负责调换。电话：010-88191510）

前　言

经济高质量发展回答了新时代中国应该实现什么样的经济发展以及如何推动经济发展的时代问题，为中国经济持续健康发展指明了前进的方向。新时代下经济高质量发展的内涵，本质是以满足人民日益增长的美好生活需要为目标的更高效率、更加公平和更可持续的发展。这种内涵，体现为经济建设、政治建设、文化建设、社会建设、生态文明建设五位一体综合全面发展的协调，也体现在发展理念、发展特征、发展体系、发展路径、发展引擎和发展保障六个层次内部要素的协同以及层次之间的协同。为全面建成小康社会而统筹推进“五位一体”总体布局的国家“七大战略”中，科教兴国、人才强国、创新驱动战略排在前三位，充分说明教育是兴国大计、科技是创新发展的源动力、人才是创新发展第一资源的重要地位及作用，教育、科技和人才共同构成创新驱动发展的硬核元素和核心主题，同时也是高质量发展阶段现代化经济体系建设的重要驱动和战略支撑。从技术角度来说，不论是生产要素的高级化、供给质量的提升，还是生产效率的提高、资源配置方式的优化，以及产业变革和社会发展，技术创新都发挥着至关重要的作用。从人才角度来说，科技人才、创新型人才是技术创新的主体和依托，人力资本结构的高级化有助于提升全要素生产率和技术创新绩效，有助于促进产业转型升级和价值链中高端化及宏观社会经济发展。而高等教育承担着人才培养、科学研究、社会服务和文化传承等重要功能，是人力资本结构优化和质量提升的重要手段，是区域创新体系建设的重要主体，也是区域社会经济协调发展的重要机制，在区域社会经济高质量发展“知识驱动”“人才驱动”和“创新驱动”三大驱动协同过程中发挥着极为重要的作用。

纵观国内外经济增长与创新发展的理论演进历程，逐渐凸显微观创新筑基、中观制度赋能和宏观战略驱动的多层次协同趋势。科技创新与体制机制创新作为双轮驱动、国家创新体系与国家治理体系作为双体系支撑协同于科技与经济融合发展实践中形成的“双轮驱动+双体系支撑”创新发展模式，体现了生产力与生产关系、经济基础与上层建筑的辩证统一关系，体现了“深化创新驱动强战略支撑”和“深化全面改革促高质量发展”的协同路径和实践逻辑，是改革开放以来中国探索科技创新与经济发展深度融合、有效市场和有为政府协同、技术经济范式与制度体系优势协同的经验总结，也是新时代引领经济高质量发展的中国特色社会主义思想中的重要内容。在全球科技革命和产业变革深度融合的背景下，面对复杂多变的国际技术经济环境，高质量的协同创新体系、高等教育体系成为构建新的发展动力系统的重要内容，多主体参与、多层级互动、多中心、网络式的治理体系格局以及全方位、系统性、协同型、共享式的综合治理模式也成为当前科技、教育及人才等领域深入推进“放管服”等综合改革的主要任务。

当前，在社会经济发展过程中，不论是区域层面还是国家层面，不论是科技、经济领域，还是高等教育领域，都存在不同程度的“马太效应”或“倒U型”曲线等发展不平衡不充分问题，成为国家和地方政府迈向高质量发展的重要瓶颈，也是高质量发展过程中必须面对并妥善解决的问题。区域社会经济如何实现高质量发展，实质就是如何解决经济发展不平衡不充分、结构性失衡以及发展动力不足三大核心问题并破解三者交互制约关系的过程。高等教育扩招以来，中国高等教育事业取得重要成效并为社会经济发展做出巨大贡献。同时，规模化扩张发展的模式导致高等教育领域产生诸如人才培养质量下降、科技成果转化效率低、区域发展不协调以及高等学校内部过度行政化、教学生态异化、内部控制失效等系列问题，导致高等教育人才输送和知识供给与社会经济发展需求匹配度不够高，影响教育链、人才链、产业链及创新链的协同共促和融合发展，限制高等教育在“知识驱动”“人才驱动”和“创新驱动”中的作用发挥，也增加了破解前述三大核心问题交互制约关系的难度。为此，近年来从国家到地方，从科技、经济到教育等不同领域，逐步深化综合改革，深入推进治理体系建设。

本书紧扣新时代创新驱动与区域经济高质量发展的重要背景和现实问题，立足于高等教育、技术创新与区域经济高质量发展的内在关系，系统阐释新阶段经济高质量发展内涵及新时代创新驱动发展观的基本理论，探讨高等教育驱动区域经济高质量发展的作用机理、实际效用、协同困境及问题成因。在此基础上，进一步结合高等教育领域“放管服”改革与“管办评”分离改革背景，梳理国内外高等教育治理理论及实践模式演进，归纳总结中国高等教育治理体系建设的现实困境及挑战。最后，基于高等教育与区域经济高质量发展协同、高等教育治理体系建设以及大学内部治理优化等视角提出相关的治理策略。研究目的在于两个方面：一是进一步丰富和完善新时代的创新驱动发展观和高等教育治理理论，为实践和创新提供理论指导；二是为地方政府和高等院校深入推进“放管服”改革和“管办评”分离改革，进一步优化发展高等教育事业提供政策建议和决策依据。

围绕上述研究背景、研究目的和研究主线，本书内容体系结构分为创新驱动、系统协调及协同治理三大部分内容。

第1部分，创新驱动篇（第1~3章）。首先，在系统阐释经济高质量发展的理论渊源、内涵及逻辑基础上，揭示经济高质量发展的架构体系及运行机制；其次，基于不同维度梳理和分析创新驱动经济高质量发展的理论渊源及演进脉络；最后，在总结中国创新驱动发展历程基础上，归纳总结新时代中国特色的“双轮驱动+双体系支撑”创新驱动发展模式及相关逻辑理路，并提出理论发展的展望。

第2部分，系统协调篇（第4~6章）。首先，在理论分析高等教育与区域经济高质量发展的内在关系基础上，进一步通过实证分析展开验证；其次，选取广东、江苏和浙江三个省份为主要案例分析对象，从高等教育、科技创新与区域经济三个视角展开比较分析，在此基础上进一步通过实证分析比较三个省份发展的系统协调性及发展质量；最后，基于区域社会经济发展的“马太效应”与“倒U型”假说等理论视角以及高等教育人力资本与产业链、创新链协同困境的现实数据对前述问题进行论证和验证。

第3部分，协同治理篇（第7~9章）。首先，在高等教育治理的理论基础和治理理论演进的梳理分析基础上，比较分析欧美主要国家和中国高等教育治理逻辑及实践演进；其次，从不同角度分析中国高等教育内外部治理体系建设的困境及挑战，并结合“放管服”改革背景对内外治理协同的困境展开案例分析；最后，在前述研究的基础上，从高等教育与区域经济发展统筹与协同、省域高等教育与区域均衡发展，以及高等教育内外部治理体系建设及其模式选择与实现路径等方面提出相应的治理策略或政策建议。

本书是李华军所在的研究团队近年来在科技经济、教育经济、创新管理及大学治理方面相关研究的一个阶段性成果，相关成员及学生参与了其中的研究。李华军参与第1~9章的撰写并负责全书统稿，刘思参与第5~9章部分内容的撰写，邓烨宇参与第8~9章高校内部控制与廉政建设相关内容的撰写及第7~9章主要文献资料的收集整理，刘伟政、苏鸿儒、黄梓晴、郑如萍等同学参与第4~6章的文献整理、数据收集及前期处理等工作。

本书部分内容是2018年广东省高等教育教学改革项目“地方高校‘管理型会计’人才培养的实践教学改革”（20180613）、2021年广东省教育科学规划课题（高等教育专项）“高等教育服务区域发展战略的协同体系及治理机制——以广东省为例”（2021GXJK089）、肇庆市哲学社会科学规划重点项目“区域经济高质量发展的驱动机制研究”（20ZD－03）、广东省软科学研究计划项目“粤港澳大湾区科技创新金融评价与服务体系建设”（2020A1010050056），以及全国教育科学“十三五”规划2020年度教育部青年课题（EIA200409）的阶段性研究成果。同时，本书得到肇庆学院学术著作出版资助金以及经济与管理学院学科建设经费资助。

承蒙出版社的大力支持与帮助，特别是责任编辑的辛勤付出，才使得本书得以顺利付梓，在此表示感谢！

本书的撰写，参考或借鉴了国内外众多相关领域学者的研究成果，他们的思想或观点给予了极大的启发或引导，虽然书中已列出相关参考文献，但唯恐漏缺，特此谨致谢忱和歉意！

李华军
2021年7月于肇庆

目　　录

第1部分　创新驱动篇

第2部分　系统协调篇

第 3 部分 协同治理篇

第1部分

创新驱动篇

第1章　经济高质量发展的内涵、协同体系及运行机制

1.1　经济高质量发展的理论渊源及实践演进

1.1.1　经济高质量发展的理论渊源

“经济增长”一般指一个国家或地区一定时期内产品和服务数量规模的增加，衡量指标是国内生产总值（GDP）或国民生产总值（GNP）。“经济发展”除包含经济增长外，还包含经济结构、社会结构、收入分配结构等方面的优化（如产业结构的合理化与高度化、消费结构的改善和升级、人口教育程度及平均寿命提高、社会福利增进与贫富差距缩小等）以及生态环境治理及改善等（张治河，2019）。

从西方发展经济学的发展历程来看，早期学者将经济发展等同于经济增长并认为经济发展主要依赖劳动、资本、土地等生产要素的投入，后来的经济学家在将经济发展与经济增长区别开来的基础上，认为经济发展除了经济增长还包括经济结构的变化（这种增长和结构变化，不仅受到生产要素投入影响，还受到技术进步和制度以及环境等因素制约），21 世纪以来的新一代

发展经济学家在关注增长速度的同时也开始重视发展质量并认为高质量的增长需要有更宽泛的发展标准。创新经济学家熊彼特认为，创新是一种“质变”或生产方法的“新组合”，经济发展的本质就是创新（Schumpeter，1934）。

从马克思主义政治经济学角度来看，经济发展除了发展生产力的问题，同时也包括了与社会、自然的关系问题，经济发展的结果除了表现为社会物质财富和精神财富的增长，也包括人自身的发展及需求满足层次的增进（朱方明等，2019）。同时，在马克思所定义的商品二重性中，强调了交换价值（索取权），但使用价值（享用性）反而成了获得交换价值的手段，原因在于，在市场经济发展的初级阶段由于工具理性的强劲主导和社会生产力的落后现实制约，使得“享用性”这一性质被抑制。而随着社会经济发展和时代进步，市场经济的这个最终服从于满足人民实质需要的根本性质将越来越显著地显现出来（金碚，2018）。因此，新发展观，即创新、协调、绿色、开放、共享的发展理念，就成为对新时代高质量发展的新要求，也是对是否实现了高质量发展的评价准则。而且，新时代这些要求的实现也内在地决定了经济运行必须是效率和质量导向的，即体现质量第一、效率优先，以实现更高质量、更有效率、更加公平、更可持续的发展。

1.1.2 经济高质量发展的实践演进

中华人民共和国成立70余年来，经历了从农业大国向现代工业化国家、从计划经济体制向社会主义市场经济体制、从数量型发展向质量效益型发展、从单一经济结构向多元经济结构、从人与自然的冲突向和谐共生、从数量追赶战略向质量追赶战略等多重维度的转型发展（任保平，2019）。中华人民共和国成立70余年以来的经济发展实践也是在对马克思主义生产力理论继承基础上的进一步拓展和创新——由传统生产力要素向组合生产力要素的发展、由生产力效率向生产力质量的发展以及由短期生产力向长期生产力的发展（李梦欣，2019）。上述实践探索的转型与理论的发展，涉及发展路径与动力、发展方式与结构、发展战略与目标等，实际上是经济高质量发展的实践探索演进与理论溯源。

党的十一届三中全会以来，开启了以经济建设为中心的战略转折，也开启了改革开放的序幕。此后，“发展才是硬道理”的科学论断，“三个有利于”的判断标准，以及相应的各种改革开放举措，成为推动中国经济长期增长的动力源。党的十八大以来，中国经济社会发展取得历史性成就，社会经济发展已经站在新的历史起点上。同时，中国仍处于并将长期处于社会主义初级阶段的基本国情没有变，发展仍然是党执政兴国的第一要务。党的十八届五中全会提出“创新、协调、绿色、开放和共享”的五大发展理念；党的十九大报告提出“我国经济已由高速增长阶段转向高质量发展阶段”的重要论断，并进一步强调“发展是解决我国一切问题的基础和关键，必须坚定不移把发展作为党执政兴国的第一要务”；党的十九届四中全会提出“全面贯彻新发展理念，坚持以供给侧结构性改革为主线，加快建设现代化经济体系”；党的十九届五中全会明确提出“坚定不移贯彻创新、协调、绿色、开放、共享的新发展理念，以推动高质量发展为主题”的重要论述，以及“以深化供给侧结构性改革为主线，以改革创新为根本动力，以满足人民日益增长的美好生活需要为根本目的，统筹发展和安全，加快建设现代化经济体系，加快构建以国内大循环为主体、国内国际双循环相互促进的新发展格局”的战略方针。

新时代，经济高质量发展的需求和目标赋予发展问题新的内涵：一是更为重视发展的质量，以经济建设为中心的基本战略决定了发展是执政兴国的第一要务，是解决中国一切问题的基础和关键，同时步入新时代的发展也更需要强调和重视有质量、有效益、可持续的发展；二是拓展了生产力的研究范畴及内涵，除了解放生产力和发展生产力，还要基于生态环境保护与改善的视角保护生产力；三是发展重点的改变，进入新时代基本国情没有变，但社会主要矛盾发生了转化，因此经济发展的重点是要解决人民日益增长的美好生活需要与发展不平衡不充分的矛盾问题（洪银兴，2016；任保平，2019）。

1.2 新时代经济高质量发展的内涵及协同逻辑

1.2.1 经济高质量发展的内涵

党的十八大以来，党和国家对于中国经济发展阶段及经济发展方式转变的认识一直在不断深化。如从做出增长速度换挡期、结构调整阵痛期、前期刺激政策消化期“三期叠加”的“经济发展新常态”的重要判断，到党的十八届五中全会提出“创新、协调、绿色、开放和共享”的五大发展理念，再到党的十九大报告提出“我国经济已由高速增长阶段转向高质量发展阶段”的重要论断以及党的十九届四中全会提出“全面贯彻新发展理念，坚持以供给侧结构性改革为主线，加快建设现代化经济体系”。上述重要研判及论断的发展过程，其基本指向就在于说明中国经济发展的环境、条件以及任务和要求等的一系列变化——增长速度要从高速转向中高速，发展方式要从规模速度型转向质量效益型，经济结构调整要从增量扩能为主转向调整存量、做优增量并举，发展动力要从要素驱动、投资驱动转向创新驱动。所有这些变化，实质上说明中国经济在向形态更高级、功能更齐全、作用更完整、结构更合理、分工更优化的阶段演进，也说明中国经济进入一个迈向高质量发展阶段的新时代（高培勇，2019）。

经济高质量发展回答了新时代中国应该实现什么样的经济发展以及如何推动经济发展的时代问题，为中国经济持续健康发展指明了前进的方向。从高速增长转向高质量发展，是新时代中国经济鲜明的特征，强调的是经济效益、社会效益和生态效益的结合，体现的是人与社会、经济、自然相协调的包容性增长与发展。因此，新时代下经济高质量发展的内涵，概括来说就是从总量扩张向结构优化转变、从增长速度向发展质量转变、从“有没有”向“好不好”转变，本质是以满足人民日益增长的美好生活需要为目标的更高效率、更加公平和更可持续的发展（高培勇，2019）。这种内涵，体现为经济建设、政治建设、文化建设、社会建设、生态文明建设五位一体综合全面发展的协调，也体现在发展理念、发展特征、发展体系、发展路径、发展引擎和发展保障六个层次内部要素的协同以及层次之间的协同（见图1－1）。

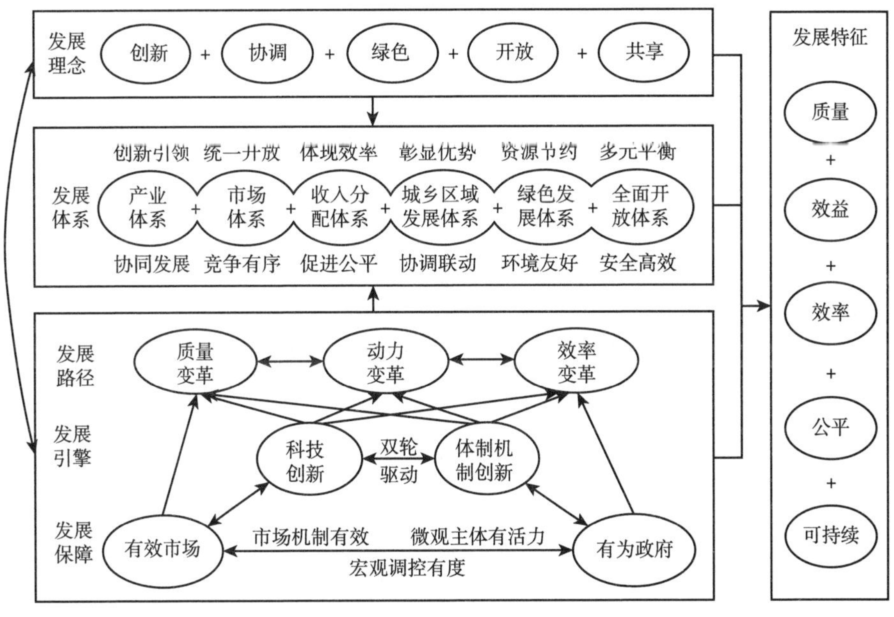

图1－1　经济高质量发展的内涵及协同逻辑

1.2.2 经济高质量发展的协同逻辑

经济高质量发展内涵六个层次内部要素的内在协同逻辑，主要表现在以下方面：一是“创新、协调、绿色、开放、共享”高质量发展理念的协同，是“创新为第一动力、协调为内生特点、绿色为普遍形态、开放为必由之路、共享为根本目的”的协同；二是“质量、效益、效率、公平、可持续”高质量发展特征的协同，是坚持质量第一、效益优先的同时注重效率、公平和可持续的协同；三是“质量变革、效率变革、动力变革”高质量发展路径的协同，是以动力变革为驱动、实现质量变革和效率变革同步推进的协同；四是“产业体系、市场体系、收入分配体系、城乡区域发展体系、绿色发展体系、全面开放体系”高质量发展体系的协同，是供给与需求、生产与分配、生产力与生产关系、经济与社会、自然资源与生态环境、改革与开放等各个环节或领域的协同；五是“‘使市场在资源配置中起决定性作用和更好发挥政府作用’‘市场机制有效、微观主体有活力、宏观调控有度’”高质量发展保障的协同，是有为政府和有效市场的协同；六是“科技创新、体制机制创新”高质量发展引擎的协同，是双轮驱动的协同（高培勇，2019；李华军，2021）。

经济高质量发展内涵六个层次之间的协同逻辑，主要表现在以下方面：发展理念是战略指引和方针，引导发展体系建设、路径设计、动力转换以及保障机制设计；发展路径、发展引擎和发展保障为发展体系建设、发展理念贯彻落实提供实施路径和支撑保障；发展引擎为发展路径和发展保障提供动力源泉；发展理念、发展体系、发展路径、发展引擎、发展保障在不同维度或程度上体现不同的发展特征。上述协同机理，也体现了新发展理念有关“协调成为内生特点”在逻辑上的协同，体现生产力与生产关系的良性互动和协调性（周文，2019）。

1.3 经济高质量发展的架构体系及运行机制

1.3.1 经济高质量发展的架构体系

经济高质量发展下现代化经济体系是“由社会经济活动各个环节、各个层面、各个领域的相互联系和内在联系构成的一个有机整体”，包括承载整个社会经济运行的产业体系、经济体制以及与此密切联系的社会发展、科技进步、教育文化、民生福祉、生态环境等方面，共同构成一个整体的社会经济系统。这个社会经济大系统中各个领域、层面和环节的高质量发展要素的结构、功能、相互联系以及这些要素产生影响、发挥功能的作用过程及作用原理，就是经济高质量发展的体系架构及运行机制（见图1－2）。经济高质量发展阶段，这一体系架构之下的运行机制，实质是围绕如何解决当前经济发展三个核心问题以及在解决过程中如何提供有效保障（三个核心问题：一是如何解决发展不平衡不充分问题；二是如何解决结构性失衡问题；三是如何解决发展动力不足问题）。在解决上述三个问题的过程中，体制机制改革和创新成为重要的保障机制。如何处理好政府和市场的关系，与如何处理好经济增长和社会发展、深化改革和保持稳定等关系一样，都是中国经济体制改革和社会发展过程不断探索的重大问题。

中华人民共和国成立70余年来，在改革开放之前实施计划经济体制并以国民经济计划化为动力建立了完善的国民经济基础和工业化基础，改革开放后从计划经济向市场经济转型发展，最终取得了举世瞩目的发展成就以及相应的“中国模式”或“中国经验”。这种模式与经验，是以市场化改革取向作为目标和前提，正确处理计划与市场的关系，并建立了一种不同于西方理

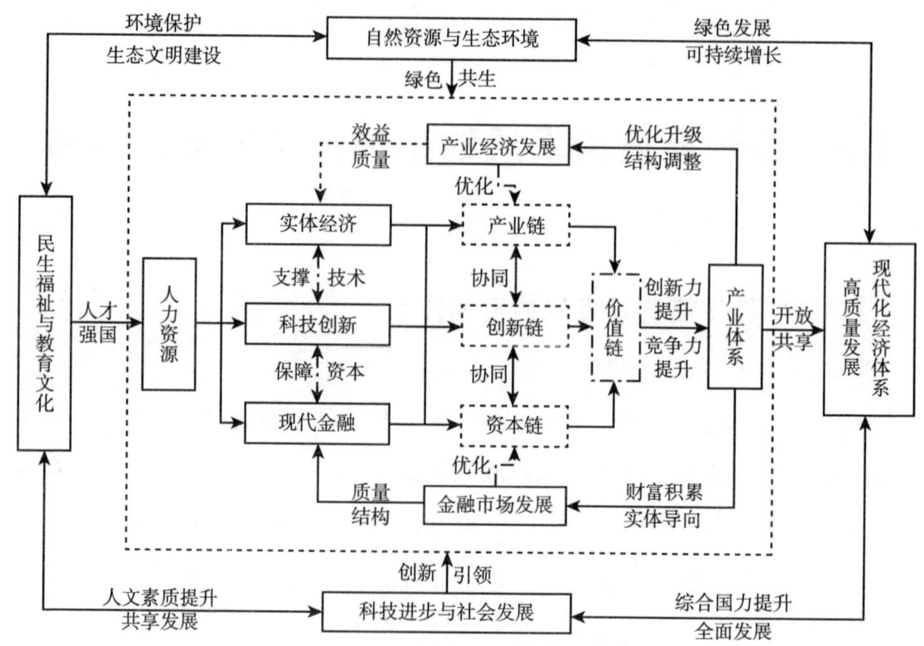

图 1－2　经济高质量发展的架构体系及运行机制

资料来源：李华军．经济高质量发展的协同体系及绩效评价［J］．会计之友，2021（16）：32－37.

论范式的政府与市场的关系——“有为政府＋有效市场”结合的中国特色社会主义市场经济模式（任保平，2019）。中国改革开放 40 余年来在经济增长、城市建设、社会民生方面所取得的巨大成就，正是“有为政府”和“有效市场”相融合的必然结果，中国特色社会主义市场经济必然是有为政府与有效市场相结合的经济（陈云贤，2019）。

总而言之，从中国经济体制改革历程和经济建设经验来看，政府与市场的关系，是共生互补而非此消彼长的关系（刘世锦，2014）。“使市场在资源配置中起决定性作用”和“更好发挥政府作用”的并重并行，“‘有为政府’＋‘有效市场’”的协同，是构建市场机制有效、微观主体有活力、宏观调控有度的经济体制的重要内容，是质量变革、效率变革和动力变革的有效手段，也是确保经济高质量发展体系稳定运行、协同有效的保障（张杰，2018）。当前，不论是经济领域发展质量和效益、自主创新能力提升、实体经济竞争力、生态环境保护等方面可持续发展的挑战应对，还是民生领域教育、医疗、就业、居住、养老等方面不平衡不充分的困境破局，都必须充分协同“有为政府”和“有效市场”。

1.3.2　经济高质量发展的运行机制

经济高质量发展的运行机制有以下三个方面。

一是以经济建设为中心协调各方面综合发展解决不平衡不充分矛盾的机制。改革开放以来，中国国民经济和社会发展取得巨大成就，重要经验之一就是坚持以经济建设为中心。现阶段我国社会主要矛盾已经转化为人民日益增长的美好生活需要和不平衡不充分的发展之间的矛盾，经济高质量发展是解决这一矛盾的唯一路径和战略方向。当前，面对社会主要矛盾和经济发展形势的变化，必须在坚持以经济建设为中心、以发展为第一要务的基础上，坚持“五位一体”的总体布局和高质量发展的战略思想，进一步推动经济社会持续健康发展和全面发展。“创新、协调、绿色、开放、共享”五大发展理念，体现了“质量、效益、效率、公平、可持续”高质量发展的特征，是坚持以经济建设为中心、现代化经济体系建设为目标并协调科技、社会、教育、文化、生态环境等领域或环节良性互动进而实现民生共享、环境共生、生态共建、开放共进、人文素质与综合国力共同提升的全面发展和可持续发展的重要保障。实体经济是一国经济的立身之本，现代化经济体系是现代化强国建设的经济基石，以经济建设为中心，必须加强实体经济发展导向，为创新型国家建设固本强基。

二是以产业体系为枢纽共筑“五链融合”发展模式着力解决结构性失衡的机制。当前，我国经济运行存在实体经济结构性供需失衡、金融和实体经济失衡、房地产和实体经济失衡的重大结构性失衡（杨英杰，2017），其中实体经济结构性失衡又突出表现在制造业的产业高端化和产业链高端环节发展不足、产业组织结构不合理、产品结构供需不匹配以及服务业的高端化发展不足、服务业占比提高过快与其低效率发展不匹配以及上述两大产业结构演进下的“逆库兹涅茨化”趋势等（周维富，2018）。因此，创新引领、协同发展的产业体系，是现代化经济体系建设的重要内容，也是解决实体经济失衡的重要机制。实现我国经济的再平衡发展和高质量发展，必须坚持以供给侧结构性改革为主线，加快推进建设现代化经济体系。在质量变革、效率变革和动力变革三大高质量发展路径下，深化人才、技术、资本等生产要素的供给质量以及协同效应，能够提高资源配置效率和全要素生产率，短期和长期内对实体经济发展依旧具有重要的推动作用（郭威，2019）。产业经济发展质量的提升，反过来也能够进一步促进人才素质提升和人才结构优化、金融服务实体经济能力提升以及金融市场结构优化进而更好地与创新驱动发展实现互动和协同。围绕产业链部署创新链、围绕创新链完善资本链的“三链融合”发展是党的十八大以来创新驱动战略实施和创新体系建设的重要内容。而以实体经济、科技创新、现代金融、人力资源协同发展的产业体系为核心的现代化经济体系建设过程中，产业链、创新链、资本链、人才链和价值链“五链融合”是在高质量发展阶段下“三链融合”的升级。产业经济创新力和竞争力的提升，既依赖于产业链高端化发展本身所处的价值链地位以及由此带来的附加值提升效益，同时也体现在对全球价值创造的贡献程度和获取程度（宋晶，2016）。

三是以创新驱动为引领强化科技和人才双支撑解决发展动力不足的机制。科技创新能力是国家力量的核心支撑，人才竞争是综合国力竞争的核心。在为全面建成小康社会而统筹推进经济建设、政治建设、文化建设、社会建设、生态文明建设“五位一体”总体布局的国家七大战略中，科教兴国和人才强国战略放在前两位，这也充分说明科技是创新发展的源动力、人才是创新发展的第一资源，科技和人才共同构成创新驱动发展的核心要素和关键支撑，而科教兴国、人才强国、创新驱动发展三大战略也成为其他战略的重要保障和战略支撑。从技术角度来说，不论是生产要素的高级化、供给质量的提升，还是生产效率的提高、资源配置方式的优化，以及产业变革和社会发展，技术创新都发挥着至关重要的作用。从人才角度来说，科技人才、创新型人才是技术创新的主体和依托，人力资本结构的高级化有助于微观层面劳动生产率和技术创新绩效提升、中观层面产业转型升级和价值链中高端化以及宏观层面经济增长和社会发展（耿晔强，2019）。总之，无论是从新增长理论有关知识与人力资本因素成为经济增长动力的思想，还是内生增长理论有关人力资本积累和研发资本积累推动技术进步进而实现经济增长的路径，以及创新系统理论中有关技术和人才等创新要素的交互作用，都充分说明科技和人才是创新驱动战略的重要支撑。

1.4　经济高质量发展的维度及其度量

高质量发展的本质内涵是以满足人民日益增长的美好生活需要为目标的高效率、公平和绿色可持续的发展，同时也是经济建设、政治建设、文化建设、社会建设、生态文明建设“五位一体”的协调发展（张军扩，2019）。高质量发展作为新时代中国经济发展的主要目标，如何去度量这种高质量发展的特征及质量，也是理解和把握经济高质量发展内涵的重要渠道。不论是经济增长还是经济发展，经济质量的衡量问题一直伴随经济发展过程不断进行。在新发展阶段，有关经济高质量发展的指标体系、政策体系、标准体系、统计体系、绩效评价、政绩考核等内容也成为近两年学术研究和政策研究的热点。综合学术界的研究和政策领域的文献来看，由于高质量发展内涵还需要进一步明晰，具有一定中国特色的现代化经济体系理论本身也还需要进一步深化发展，因此有关度量维度和评价体系总体上还处于探索阶段。如何围绕经济高质量发展的内涵，科学、合理地设计度量维度及评价体系，有待于进一步深入。系统梳理和归纳学术界关于经济高质量发展的评价思想及指标体系，度量维度及指标体系大致可以归纳为系统观、内涵观、过程观和综合观四大视角（见表1-1）（李华军，2021）。总体而言，以内涵观居多，在具体指标体系的构建和选择上四个视角均有围绕高质量发展内涵展开但又各有侧重和交叉。

表1-1 经济高质量发展的评价视角及维度

评价视角	评价维度	代表
系统观	经济发展、人口发展、社会发展、生态环境	王志博（2019）
	经济子系统、社会子系统、自然子系统	黄顺春（2018）
内涵观	动力机制转变、经济结构优化、开放稳定共享、生态环境和谐、人民生活幸福	魏敏（2018）
	质量效益提升、结构优化、动能转换、绿色低碳、风险防控、民生改善	苏永伟（2019）
	高质量供给、高质量需求、发展效率、经济运行、对外开放	马茹（2019）
	动能转换、产业结构、需求结构、效率效益、发展环境	刘丽波（2018）
	创新发展、协调发展、绿色发展、开放发展、共享发展	华坚（2019）；孙豪（2020）
	供需平衡体系、产业体系、市场体系、收入体系、区域发展体系、城乡发展体系、绿色发展体系、开放体系、经济体制机制	张燕生（2019）
过程观	科技创新阶段、经济高质量发展阶段	王慧艳（2019）
综合观	微观经济、中观经济、宏观经济	张丽伟（2019）
	发展动力、新型产业结构、基础设施、发展开放性、发展协调性、绿色发展、发展共享性	张震（2019）

综合上述学者们有关经济高质量发展的衡量维度及评价指标体系，结合前文经济高质量发展有关协同机理、运行架构和运行机制的分析，可以发现还有进一步丰富和完善的地方。一是现有评价体系有关高质量发展的系统协调和可持续发展的思想未能充分体现，协调和可持续发展是新发展理念的核

心内容，同时协调也是高质量发展的重要运行机制之一，因此要综合考虑产业经济系统、社会发展系统、金融经济系统、科技创新系统、教育文化系统、生态环境系统等方面的协调发展；二是经济高质量发展阶段有关现代化经济体系建设过程的运行机制核心内容未能充分体现，这一运行机制的核心内容就是构建实体经济、科技创新、现代金融、人力资源协同发展的产业体系从而解决结构性失衡以及发展动力不足两大核心问题。另外，从地方政府角度来说，作为未来区域经济发展政策制定导向和参考依据的经济高质量发展评价体系，应当具有一定的区域异质性（例如，以广东省为例，近年来创新驱动发展成效显著，区域创新能力连续三年排名第一，但同时也面临着区域经济发展极不平衡不协调的现实问题以及高等教育发展实力与创新驱动发展不够协调的困境等。相对于其他较为平衡和协调发展的地区而言，广东省在继续发挥创新驱动优势、继续巩固提升经济效益和效率的同时，更要注重协调发展和可持续发展）。因此，在经济高质量发展的衡量维度及评价指标体系设计的时候，要综合考虑系统观下的子系统协调发展视角，也要考虑经济高质量发展内涵及特征的视角，还要考虑经济高质量发展路径（质量变革、动力变革、效率变革）的视角。只有这样，才能充分发挥经济高质量发展度量评价体系在新阶段实际发展过程的监控作用及引导作用，更好地为政策设计及实践问题的解决提供思路和方向。

第2章　创新驱动经济高质量发展的逻辑理路及脉络架构

2.1　创新驱动经济高质量发展的理论渊源及分析框架

2.1.1　创新驱动经济高质量发展的熊彼特增长理论

一个国家的经济增长和发展到底由什么决定，一直是政策研究和学术研究领域非常关注的话题，也是经济领域和创新领域共同关注的焦点。熊彼特（Schumpeter，1934；1939；1947）的创新理论表明，创新活动以及企业家精神对于经济发展具有内生驱动作用，揭示出经济发展本质就是创新这一重要规律。但是，创新理论强调经济发展过程中生产方法变革以及企业家的重要作用，而生产发展所引发的生产关系变革（制度变革）及其重要性却被忽视或者刻意回避（代明等，2020）。在以索洛（Solow，1957）为代表的新古典增长理论和以舒尔茨（Schultz，1967）为代表的人力资本理论基础上，罗默（Romer，1986）提出基于知识积累以及技术进步的内生经济增长模型，强调技术进步是由投入到研发中的资本和人力资本所产生的结果。内生增长理论对于通过研发、教育等资源投入推动经济增长具有重要的政策意义，但是无法进一步解释影响技术进步的因素、机制及其国家或地区的差别（Witt，2002）。因此，20 世纪 80 年代开始，在熊彼特创新理论基础上，结合内生增长思想及演化经济学理论，以纳尔逊等（Nelson et al.，1982）、罗默（Romer，1986）、卢卡斯（Lucas，1988）、阿洪等（Aghion et al.，1992）等学者为代表，将人才、技术、市场、制度等要素纳入分析框架，分别从不同视角考查经济增长的影响因素及机制、不同经济体的发展路径及差异等，由此形成学术界统称的“新熊彼特增长理论”（许治，2005）。

新熊彼特增长理论将人才、技术和制度等因素内化于经济增长模型，揭示了技术进步、人才开发、知识增长、制度创新、企业家精神等因素在经济增长中的重要作用，对于创新型国家建设和创新驱动发展具有重要的借鉴意义。该学派基于不同学科基础及研究对象，围绕技术创新与制度创新在经济增长中的作用关系及地位，发展初期演化形成两大分支：一是以技术创新为主导的创新经济学，充分肯定技术创新对经济增长的决定性作用，但忽略了制度变革的重要影响；二是以制度创新为主导的制度创新经济学，突出强调制度变革对技术创新和经济增长的决定性作用，但颠覆了生产力决定生产关系的基本原理和科学技术是第一生产力的客观规律（李玉虹等，2001）。

新熊彼特增长理论的上述两个分支将技术创新与制度变革彼此依存的相互关系割裂开来，不利于更为客观地揭示不同国别地区、不同经济体制以及不同发展阶段的经济增长和发展规律，对于一个国家或地区的实践指导也存在一定的局限性。这些差异，间接导致学术界对经济创新驱动发展实践领域有关具体影响因素及机制的研究中总结出各种政策（制度）失灵、系统（体系）失灵现象，如基础设施失灵、转变失灵、锁定失灵、制度（政策）失灵、网络失灵等（Carlsson，1997；Woolthuis et al.，2005；Laranja et al.，2008）或悖论现象（李大为等，2011；王俊，2015），也导致相应理论主张的差异或争议（江飞涛等，2018；贾诗玥等，2018）。因此，不少学者在后续研究中借鉴演化经济学思想从技术、制度、市场、社会等因素共生演化视角出发研究相互之间的作用关系及对经济发展的协同作用，对新熊彼特增长理论框架进行进一步的补充和完善，如纳尔逊（Nelson，2002）、吉尔斯（Geels，2002）、帕利坎（Pelikan，2003）等，其中也包括对国家及区域创新体系建设具有重要指导意义的国家创新系统（Freeman，1987）、区域创新系统（Cooke，1992）和产业创新系统（Breschi et al.，1997）等思想。同时，也有学者借鉴国家创新系统思想以及演化经济学有关社会技术体制对技术经济范式的研究，在制度经济学、公共管理理论基础上从国家科技经济体制、政府管理模式等方面进行深入探讨，由此形成发展型国家理论（Johnson，1982）、新发展型国家理论（Fred，2008）和创新型（企业家型）国家理论（Mazzucato，2013）等，进一步丰富了创新驱动发展与经济增长的理论体系。综合来说，新熊彼特增长理论以及后期的拓展研究中有关"技术—市场—制度（政策）""政府（国家）—市场—社会"等影响因素多层级交互作用、共生演化与协同发展的思想，为国家层面创新驱动战略和创新治理体系的顶层设计提供了重要的政策借鉴和理论依据。

2.1.2 创新驱动经济高质量发展的马克思主义理论分析框架

回到创新研究的早期开拓者——马克思的有关思想，上述理论的发展演进，从不同角度不同程度体现马克思主义关于生产力与生产关系、经济基础与上层建筑、科学技术与经济社会发展等相互作用以及创新是解决社会基本矛盾的基本手段与方式的思想（蔡兵，2012）。但是，与新熊彼特增长理论相比，马克思以唯物史观与唯物辩证法为方法论基础从社会演变与人类解放的高度围绕生产力与生产关系、经济基础与上层建筑两大基本关系以及"人—自然—社会""科学技术—社会变迁—人类发展""技术创新—制度创新"等关系和内容对社会经济运行及发展进行研究，使得经济增长理论与社会发展理论相互交织成为有机整体，更能客观反映更高质量、更有效率、更加公平和更可持续的经济高质量发展内涵，进而提供了创新驱动发展的全面创新图景和高质量发展的包容性增长方向（王聪等，2016；裴小革，2016）。

改革开放 40 余年来，中国在经济发展上取得巨大成就，并成为世界第二大经济体。根据世界经济论坛发布的《全球竞争力报告》（2019）显示，中国排行第 28 位，位居金砖国家之首。2020 年，中国在世界知识产权组织发布的“全球创新指数”中排第 14 位，是中等收入经济体中唯一进入该指数前 30 名的国家。《博鳌亚洲论坛创新报告 2020》指出：中国本国市场规模、本国人专利申请量、商标申请量、实用新型申请量以及创新产品出口在贸易总额中的占比都处于全球首位，成为全球创新的主要推动者，并且逐渐将发展重心从创新数量向创新质量及影响力上转移（全球创新集群和创新城市呈集聚化特点，而以东亚发展最为迅速，中国集群数量一年之内从 7 个增加到 18 个）。但是，当前经济增长模式和发展过程依旧存在着发展质量和效益低、区域城乡发展不协调不充分、传统发展动力减弱、结构性失衡现象严重、科技与经济融合程度不足、创新体系整体效能不高、产业及创新领域政策悖论或失灵现象治理成效有限等系列问题，需要实现增长动力、增长结构以及增长质量等方面的转变（杨英杰，2017）。党的十八大以来，国家不断出台相关举措深化体制机制改革，深入实施创新驱动发展战略，加快推进经济高质量发展和创新型国家建设步伐。从“完善和发展中国特色社会主义制度，推进国家治理体系和治理能力现代化”这一全面深化改革总目标的提出到“坚持双轮驱动、构建一个体系、推动六大转变”新发展动力系统的部署，从“我国经济已由高速增长阶段转向高质量发展阶段”的重要研判到“加快实施创新驱动发展战略，强化现代化经济体系的战略支撑”再到“坚持和完善中国特色社会主义制度、推进国家治理体系和治理能力现代化若干重大问题”的充分明确，以科技创新和体制机制创新为“双轮驱动”、以国家创新体系和国家治理体系为“双体系支撑”推动经济高质量发展和创新型国家建设的发展模式凸显。这一发展模式，是改革开放以来中国在坚持马克思主义立场观点方法和科学社会主义基础上关于科技创新与经济发展深度融合、有效市场和有为政府有效协同、技术经济范式与制度体系优势协同的实践探索和理论发展的产物，是新时代中国特色社会主义思想中创新驱动发展观的内容，也是为实现高质量发展推动科技强国和经济强国建设而开展的更深层次的探索。

因此，在全球科技革命和产业变革深度融合的背景下，面对复杂多变的国际技术经济环境，基于理论逻辑和历史逻辑辩证统一的视角，以马克思主义政治经济学有关生产力与生产关系这一基本原理及创新驱动思想为逻辑起点，结合中国创新驱动发展和创新型国家建设实践历程以及多主体参与、多层级互动、多中心、网络式的创新治理格局打造以及全方位、系统性、协同型的新发展动力系统建设任务，基于“双轮驱动”和“双体系支撑”两大视角及内在关系，对创新驱动经济高质量发展的理论渊源及马克思主义理论分析框架可以简要归纳为图 2－1 所示的脉络。

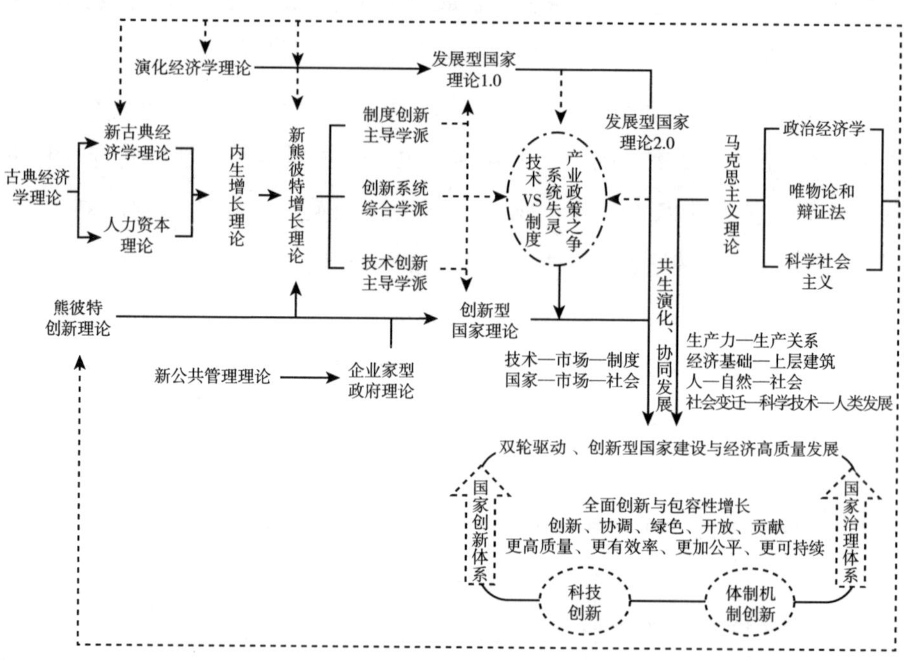

图 2－1　创新驱动经济高质量发展的理论渊源及分析框架

资料来源：李华军．经济增长、双轮驱动与创新型国家建设：理论演进与中国实践［J］．科学学与科学技术管理，2020，41（6）：70－90.

2.2　基于生产力主导视角的创新驱动与经济发展

2.2.1　经济增长理论：从外生增长到内生增长

著名的“柯布—道格拉斯”（Cobb-Douglas）生产函数表明，劳动与资本是社会财富创造的两大核心要素。这一函数及相关研究成果，被包括中国在内的不同经济体作为经济发展相应阶段的政策制定和实践探索的重要政策依据。20 世纪 50 年代，索洛（1957）在“柯布—道格拉斯”生产函数基础上开展的有关技术变革和全要素生产函数研究表明，美国经济增长贡献占 80% 比重的因素不是劳动和资本而是知识、技术等多种要素的共同贡献（后来经济学界称其为“索洛余值”“索洛残差”或全要素生产率）。“索洛余值”体现技术进步对经济增长的重要作用，但把技术进步作为外生变量无法解释区域经济增长率的差异现象。20 世纪 80 年代，以罗默（1986）为代表的内生经济增长理论学派开始将技术进步内生化，认为技术进步是由投入到研发中的资本和人力资本所产生的结果。

新古典内生增长理论主张发展中国家经济发展不仅要依赖劳动力与资本的增长，还应重视研发和教育活动以促进技术进步。这一理论在一定程度和一定阶段成为发展中国家经济增长的理论分析基准和政策制定依据，但对于指导当前中国创新驱动发展已显现出明显的不足性。从理论逻辑来说，新古典内生增长理论认为国家应通过增加研发投入来促进技术进步，但无法深入解构影响技术进步的因素及其作用机理，也就无法提出更高质量、更有效的政策建议（Witt，2002）。从中国实践探索来看，在改革开放前后较长一段时期，政府通过不断加大研发投入力度提高科技开发成果产出有效促进了经济增长。但与此同时，长期存在的科技与经济“两张皮”现象使得科技开发成果转化效率低、技术创新成果所带来的产出增加难以弥补其挤占生产投入的机会成本进而影响了经济增长，近年来经济进入新常态也出现了国内经济增速下降与研发投入增速持续上涨的不匹配现象（柳卸林，2018）。上述内生增长理论不能解释的机理或现象，与相应模型所隐含的有关体制和制度假设与中国现实不符有一定关系，也与“两张皮”所反映的“投入—研发—产业化”之间未能有效对接和融合问题有关（周元，2015）。

为了探索技术进步的影响因素及其与经济增长的内在机制，后来的经济学家开始从技术发展轨迹、技术创新模式、社会技术体制以及技术经济范式等视角对新古典增长理论中没有进一步分析的部分进行深入研究。

2.2.2 创新经济学理论：从技术创新到国家创新系统

在创新理论及其后续研究完善形成的创新经济学理论基础上，创新领域相关研究受到学术界和企业界越来越多的关注并朝着不同的方向发展：一是沿着技术创新或扩散的内在轨迹研究创新过程，形成技术推广模式理论、技术扩散理论及技术创新过程理论等；二是针对创新主体、要素及过程的复杂性研究技术创新体系，形成创新系统理论；三是在上述两个方向基础上，向制度和环境等外在变量扩展，研究重点逐渐转向制度变迁与创新关系，并形成制度创新经济学理论（与前两个方向相比，这一方向的研究强调制度创新对经济增长的决定性作用，颠覆了原本创新理论有关技术创新的决定性作用，因此将在下一章节基于生产关系主导作用视角展开分析）。

技术推广、扩散理论主要研究某项技术开发出来被所在企业或不同企业采纳的时间及影响因素（Mansfield et al.，1969），技术创新过程理论主要围绕具体的创新模式展开研究（Rothwell，1992）。技术推广、扩散以及创新模式的相关研究，对于微观创新活动领域如何加速科技成果转化和应用具有重要启示。

20世纪80年代后期，随着知识经济的兴起，加上创新环境的复杂性和创新要素的交互性，部分学者结合系统科学、演化经济学对创新活动展开研究并形成创新系统理论，包括技术创新系统、产业创新系统、区域创新系统以及国家创新系统四个层次。

技术创新系统是指特定制度框架下特定产业围绕技术产生、推广及扩散过程形成的相关行动者网络的演化过程，主要研究内容包括系统的性质、结构、功能及经济效应等（Carlsson et al.，1991；Carlsson，1995）。这一研究拓展了技术创新范畴，学者们开始利用多学科研究技术创新对经济的影响，但是"特定制度框架"研究限定使得政策、制度等因素没有被作为变量纳入分析框架，导致这些因素的影响程度及影响机制没有引起重视或被忽略。

弗里曼（Freeman，1987）首次提出"国家创新系统"概念并强调指出创新主体（核心企业）、产业结构（企业竞合关系）、政府（政策制定者）、大学（教育培训机构）四个要素在国家创新系统中的重要作用。纳尔逊（1993）认为，国家创新系统的核心是企业界、学术界（包括高校与科研机构）与国家政策之间的交互作用，更加注重国家创新系统中宏观政策设计或制度安排的作用，因此也成为后来制度创新经济学和演化经济学的重要代表。伦德瓦尔（Lundvall，1992）提出的"广义的国家创新系统"范畴包括创新活动和学习活动有关的研发体系、生产体系、服务体系以及投融资体系等，突出了国家创新系统的体系化结构。区域创新系统（Cooke，1992）和产业创新系统（Breschi et al.，1997）是由宏观层面的国家创新系统和微观层面的技术创新系统在中观区域或产业层面的实践应用和理论探索而发展形成的范畴。二者实质上是在"技术—市场—制度"的结构关系基础上往不同领域和方向延伸，形成与区域经济增长、区域创新能力、产业创新发展能力等方面的交互关系，相关理论推动了区域创新体系建设以及产学研合作模式拓展的实践探索。

上述相关创新系统理论，因为与技术创新主导学派、制度创新主导学派的主要区别在于一定程度的结合演化经济学思想并重视“技术—市场（产业）—制度创新（政府）”多层次的交互作用和共生演化，从特定的制度框架以及区域或产业视角来说，对于创新驱动发展都具有重要的借鉴意义。尤其是侧重研究技术创新活动及相应创新网络体系与宏观经济增长和国家创新发展关系的国家创新系统理论，对于国家科技与经济协同发展的整体创新战略设计以及创新体系建设具有更为重要的指导意义。世界科技强国或地区的发展过程，关键在于围绕“技术创新供给—高技术产业需求—科技制度（政策）创新”形成良好的创新生态系统（柳卸林等，2018）。

由于技术创新过程的不确定性以及创新网络体系本身的复杂性和要素交互作用的多层性，使得创新系统运作过程出现问题并导致系统无法有效实现支持知识（技术）开发、扩散及应用的功能，进而产生系列系统失灵现象。因此，系统失灵现象及背后的成因，也成为创新政策设计以及国家及区域创新体系建设要关注的重点。

2.3 基于生产关系主导视角的创新驱动与经济发展

2.3.1 制度创新经济学理论：制度变迁与适应性效率

20 世纪 70 年代前后，学者们开始把制度因素纳入相关分析框架解释经济增长现象，由此形成制度创新经济学的研究范畴和理论基础。

戴维斯等（Davis et al.，1971）认为，制度创新就是能使创新者获得追加利益的现存制度的一种变革，对经济增长具有极其重要的作用。劳顿（Rutton，1978）认为，制度创新是经济增长的重要动力，现有制度如果不能促进经济社会发展就必须酝酿建立新的制度，否则经济就会处于停滞状态。纳尔逊等（Nelson et al.，1982）在经济变迁演化的研究过程中，归纳了世界经济发展史上有利于技术创新的根本性或重大性制度变化（如私有产权制度与市场经济制度、股份公司制度和企业 R&D（research and development）内部化制度、政府支持技术创新的系列财税及风险投资等政策措施）。这些制度成为西方发达国家创新政策体系和创新战略的重要组成部分，也成为发展中国家的重要借鉴。

为进一步研究制度创新和演变的动力、机理及模式，围绕“旧制度非均衡—制度创新—新制度均衡”这一演变路径，学者们开始关注制度变迁的问题，进而形成制度变迁理论。诺斯（North，1990）认为，决定制度变迁路径的力量来自不完全市场和报酬递增两个方面，并引入技术变迁的“路径依赖”分析方法：“路径依赖和锁定”就是制度变迁受报酬递增制约而产生不可预期结果的现象，要么进入良性循环并反复强化形成路径依赖，要么陷入错误的均衡被锁定在无效率状态。要打破这种从有效阶段进入低效的路径依赖或无效的锁定状态，就需要采取必要的制度变迁模式，如自下而上的诱致性制度变迁（需求主导型制度变迁）或自上而下的强制性制度变迁（供给主导型制度变迁）（黄少安等，1996）。

制度创新学派过于强调制度创新对经济增长的主导作用，颠覆马克思主义关于生产力决定生产关系的基本原理以及创新经济学和内生增长理论肯定技术创新主导作用的思想，引起理论界的质疑和争议。但是，抛却争议焦点，制度变迁的分析框架及思想还是具有重要的政策意义，尤其是制度“适应性效率”思想，对于经济创新发展过程的体制机制改革具有重要的启示。

制度“适应性效率”用于考察长期经济绩效的制度结构如何适应经济的变动而调整的问题（即“转换的有效性”），相应组织机构的创新能力和学习能力成为确保转换有效的两大重要前提（North，1994）。“适应性效率”作为考察制度变迁与长期经济绩效的分析思路，有助于构建较为客观的制度或政策分析框架，将“制度设计—适应性效率提高—经济增长—适应性效率降低（路径依赖与锁定）—制度创新变革（创新）”这一制度变迁的逻辑内化到创新驱动发展的体制机制改革中。近年来国内经济增速下降与研发投入增速持续上涨的不匹配、系列失灵现象以及政策扶持悖论等问题，一定程度上反映出制度的适应性效率低，正如有关学者提出的“非政策失败理论”（韩超，2013；李胜会等，2015；罗小芳，2016）。同时，上述有关转换有效性的前提条件，成为当前政府治理中推进学习型政府、创新型政府建设，实现有效行政和有为政府依据之一。

2.3.2 演化经济学理论：从技术经济范式到社会技术范式

基于制度创新经济学和内生增长理论关于技术创新与制度创新对经济增长主导作用的分歧，以及创新活动和创新环境的日趋复杂，学者们开始运用生态学的共生理论和演化理论来研究技术创新、经济发展与社会变革的关系，进而形成演化经济学理论。

纳尔逊等（Nelson et al.，1982）结合制度经济学思想和熊彼特创新理论对经济变迁的演化进行系统研究后，演化经济学基本理论才得以确立并被重视。纳尔逊（Nelson，2002）利用惯例概念将制度经济学和演化经济学联系起来，认为惯例包括“物质技术”（各种生产要素）和“社会技术”（各种生产关系、制度），二者的关系表现为：社会技术是物质技术的支撑和保障，物质技术是社会技术的基础，物质技术进步是经济增长和产业演化的主要推动力，社会技术制度则通过推动物质技术的发展来促进产业发展。

演化经济学家佩雷斯（Perez，1983；2002）在研究技术变革带来的社会变革现象时首先提出“技术—经济范式”概念，并将其应用于技术变迁、制度变迁及经济变迁的关系及运行机制研究，第一次揭示技术创新与金融资本的基本范式。技术—经济范式解构了技术创新到社会变革的内在规律和演化机理，但仅从这个层面还是无法解决“技术—经济领域”和“社会—制度创新领域”之间互不匹配的矛盾。因此，后来的学者开始把宏观因素纳入技术经济范式中，尝试从根源上剖析科技创新与产业变革的关系，并向“技术创新—产业变革—社会变革”的共生演化和协同发展方向加以拓展。

吉尔斯（2002）认为，由突破性创新和渐进性创新相结合所引发的技术系统转型实质上是“社会—技术系统”的转型，是技术与社会的协同演化过程，由此建立“生态位—社会技术体制—社会技术远景”多层次视角分析框架（multi-level perspective，MLP），将社会技术演化分为交互作用的三个层次（具体包括：一是酝酿和发生创新活动且受到一定程度保护的微观层面的技术生态位，新技术在此得以发展演进且对中观层面的社会技术体制产生冲击并最终成为新社会技术体制的主导技术；二是具有阶段稳定性和动态演化性特征且由科学、技术、文化、经济、教育等结构要素构成的中观层面的社会技术体制，影响微观层面的技术生态位演进和宏观层面的社会技术远景；三是宏观层面的社会技术远景，给中观层面社会技术体制变革和微观创新活动带来压力或机会窗口）。随后，强调多层次交互作用和协同演化的MLP思想与兼具创新管理工具和政策分析框架双重功能的战略生态位管理理论（strategic niche management，SNM）（Kemp，1998）逐渐融合，成为近年来创新研究的一个新领域。SNM核心思想就是强调为新技术成长构建一个局部的政策保护空间，通过生产者、研究者、用户、政府和其他组织执行渐进的实验、学习和试错等机制，对新技术进行选择、培育、孵化，跨越“死亡之谷”，并顺利地将它推向市场实现产业化，进而引致旧社会技术体制“路径依赖与锁定”的打破并最终形成新的社会技术体制（李华军等，2012）。

融合贯穿“技术—经济领域”和“社会—制度创新领域”的MLP和

SNM 等社会技术分析范式，从微观、中观和宏观多层次视角阐释技术创新与产业变革、社会制度变革的内在机理，强调共生演化和协同发展的思想，对于政府主导的重大项目关键技术、颠覆性技术、新能源技术相关领域的研发、孵化及产业化具有重要启示，对于前孵化器、新型研发机构、众创空间等微观创新载体以及高新区、创新试验区等中观制度安排在国家创新体系、区域创新体系中的设计和运行同样具有重要的借鉴意义（窦超等，2018；黄子洋等，2019）。

2.4 基于共生演化视角的创新驱动与高质量发展

2.4.1 发展型国家理论：超越扶持悖论和产业政策之争

自 20 世纪 80 年代以来，国际学术界有关产业政策的讨论经历三个阶段的演进——“热潮（20 世纪 90 年代前）—沉寂（20 世纪 90 年代至 2008 年金融危机）—回潮（2008 年金融危机至今）”（贾诗玥等，2015）。最初的产业政策是为修补“市场失灵”现象而设计的，是指政府通过政策手段对资源配置进行干预、对企业行为进行引导以及对产业发展方向施加影响的系列政策（汪同三，1996）。在产业政策的调节机制下，政府部门通过产业发展规划、基础设施建设、重大科技计划、财政补贴和信贷扶持等政策手段，有效引导和集聚资源，推动产业技术创新，促进产业结构合理化和高度化。日本、德国、新兴发展中国家的经验表明，产业政策对于产业经济发展起到重要作用。

但是，也有学者在研究中国战略性新兴产业发展问题中提出“政策扶持悖论”现象，主要表现为在产业起步阶段与产能过剩共存、“政策存在则发展，政策退出则衰落”的政策高度依赖性、地区间产业发展的低水平重复等现象（韩超，2013）。同时，也间接表现为有关产业研发端财政科技投入和市场培育端财政补贴对私人资本的挤出效应以及导致的企业对政府投入或政策的依赖性（李苗苗等，2014；韩超，2014）。在政策扶持悖论现象根源的分析上，有学者认为“政策失败”的原因在于政府未能出台符合经济规律的政策，或者政府即使形成符合经济规律的产业政策却没有足够的组织能力保证政策得到良好的执行与实施，并将这种情况归结为“非政策失败”（李胜会等，2015）。综合有关学者的研究以及产业经济领域的现实表现（李胜会等，2015；韩永辉等，2017），上述现象的原因归结为以下三点：一是政府的过度积极与自信，导致陷入“好心干坏事”的陷阱；二是为获得任期“政治绩效”或“政治资本”追求短期经济效益，导致不顾当地经济社会实际情况或者市场经济发展规律出台短期和局部上有利于刺激地方经济发展的产业政策；三是政府自身“有效行政”的能力较差，无法实现对政策资源及工具的有效管控和运用。

正是基于上述产业政策是否有效以及相关悖论的根源探讨，围绕传统市场经济与计划经济争议下的“有为政府”与“有效市场”，再次集中引发国内以张维迎和林毅夫两位学者为代表、众多学者参与的“产业政策之争”（江飞涛等，2018）。而国家官方相应的回应则是在肯定当前产业政策重要性的同时，强调政策上存在的问题需要重视和解决，并未给出孰是孰非的定论。从部分学者结合中国经济体制改革现实和国际产业政策实践经验及演进趋势得出的思想主张来看（林毅夫，2017；顾昕，2017；贾诗玥等，2018；江飞涛等，2018；江飞涛等，2019），基本达成的共识包括：一是肯定产业政策与竞争政策、政府与市场之间的互补与协同关系；二是以功能性（横向性）产业政策为主导并面向创新与竞争；三是提升政府有效行政能力发挥能促性和助推性。

东亚国家产业政策的成功，让学术界重新审视国家政府意志和能力的重要性，并进一步拓展早期的“发展型国家理论”（1.0 版），形成包括“嵌入的自主性”和“被治理的互赖”等思想在内的“发展型国家理论 2.0 版”（Evans，1989；Weiss，1995；Rauch et al.，2000）。主要思想包括：一是政府决策者具有发展经济的坚定决心（自主性），政府体系廉洁自律，在政策制定和实施过程中充分考虑长期利益、整体利益以及公众利益；二是政府体系具有很强的专业能力（嵌入性），政府和市场的双向信息沟通渠道畅通，能有效满足决策过程中的信息需求；三是国家与产业之间的互赖关系理应被承认并通过制度化的合作实现被治理，从而形成进一步发展的基础动力（互赖与被治理性）。相对于早期“国家中心论”发展型国家理论 1.0 版，发展型国家理论 2.0 版吸纳“社会中心论”思想，开始重视“国家—社会”关系与政策网络的作用。

起源于国际金融危机爆发的“产业政策”回潮与反思，导致学术界开始重新审视产业政策产生的“市场失灵”这一前提条件的合理性与完整性，进而提出产业政策“超越市场失灵”的思想（贾诗玥等，2018）。同时，从金融危机之后各国实践来看，产业政策与创新政策联系越来越密切，二者共同成为国家创新驱动战略的重要组成部分。因此，产业政策被赋予“现代化”的新内涵：一是技术外溢性、知识积累性、机会窗口获得性成为核心特征，这也是产业结构高级化的源动力（Cimoli et al.，2015；Bailey et al.，2015）；二是政策目标从修补“市场失灵”、校正“系统失灵”转向通过塑造和创造新技术、新部门和新市场来推动经济结构转型（Bailey et al.，2015；Mazzucato，2016）；三是产业政策与国家创新战略、竞争战略紧密关联和协同，面向竞争与创新、面向全球价值链（贾诗玥等，2018；江飞涛等，2019；雷少华，2019）。

从上述发展型国家理论和产业政策理论及有关“国家（政府）—社会（市场）”内在关系的发展演进来看，产业政策的设计质量、作用充分发挥及目的实现，需要在理顺政府与市场关系的基础上，加强产业政策与创新政策、公共政策的协同以及与国家创新战略、国际竞争战略的协同，加强“有为政府”和“有效市场”的协同（陈云贤，2019）。

2.4.2　创新型国家理论：创新治理体系改革与失灵现象综合治理

如何治理创新领域的“系统失灵”“网络失灵”“制度失灵”等系列问题，创新经济学和演化经济学有关理论及思想明确了方向，但是对于技术经济范式、社会技术体制等宏观层面的失灵现象以及如何更好地处理政府与市场、政府与社会的深层次关系，还是缺乏更深入的解释以及更有效的实践指导。20世纪70年代兴起的新公共管理运动，推动学习型政府组织和企业家型政府组织的产生，随后推动20世纪90年代出现旨在运用企业家精神对政府体制进行重塑的政府管理理论——“企业家型政府理论”（Hood，1991；David et al.，1992）。该理论“三大导向”（产出导向、顾客导向和服务导向）、“两大原则”（效率和质量）以及注重运用企业管理方法来改革政府管理方式的思想，为体制机制改革以及以各种失灵现象治理提供了借鉴。

相对于上述传统的以公共管理和政府体制改革为核心的企业家型政府理论，马祖卡托（Mazzucato，2013；2016）围绕产业政策、创新政策以及国家在经济发展中如何发挥作用的问题，提出一种新的分析框架——“创新型（企业家型）国家理论”。该理论认为，国家对于创新的作用，不仅通过宏观调控和干预修补市场失灵和系统失灵，还应当成为企业家、风险承担者和市场塑造及创造者，应当构建基于企业家型国家角色的体制及协同机制，从而解决“风险社会化而收益私人化”的机制失调等问题。同时，创新型国家理论认为，国家应当实行创新驱动、智慧驱动发展模式，而且相关的发展战略及政策应当是通过塑造和创造新技术、新部门和新市场来推动经济结构的转变。相应的，政府改革也应当从以下三个方面展开：一是政府通过自身建设具备强有力的政策能力；二是政府内部组织结构具有试验、学习及吸收能力；三是构建政府部门与私人部门紧密协作的信任关系和协同机制。

正如马祖卡托（2016）在研究中指出的，事实上美国是一个在创新领域中政府干预最多的国家，只不过是被相关部门打着“国家安全”“能源安全”旗号掩盖内在的经济本质或政策本质。因此，有学者将美国的这些做法归纳为“隐藏的发展型国家”或者“新发展型国家”思想（封凯栋等，2017）。与传统东南亚发展型国家集中的政策支持做法不同，美国更致力于构建公共部门与企业间紧密合作机制支持创新活动，进而形成一个多元管理而非单一行政机构主导的创新政策网络及体系，最终将政府介入或干预行为与不同创新主体之间的协作机制、市场机制很好地结合并“隐藏”起来，从而有力推动国家创新体系的建设。这从美国政府近 30 年来创新政策体系和创新网络体系的演化轨迹以及国内重大技术和新兴技术研发孵化、市场培育及创造的支持力度及成效可以得到验证。

从学习型政府、企业家型政府，到创新型（企业家型）国家，上述理论说明国家（政府）在双轮协同驱动创新发展过程中起到重要的作用，但是也给政府执政能力、制度化水平以及围绕“国家—市场—社会”建设高质量的创新网络体系和政策网络体系提出更高的要求。从创新领域有关失灵现象依据及思想主张比较来看，单一视角下的理论解释和政策设计会存在不同程度的局限性，尤其是在当前新一轮科技革命与产业变革重塑全球创新版图和经济结构的背景下。同时，有学者结合欧美创新政策演进趋势基于更广泛的系统观（创新系统、经济系统、社会系统等多个相互关联、相互作用的子系统构成的经济社会体系）提出“体系失灵”的概念（该层面的失灵问题主要包括新一轮技术革命周期新技术深入应用引发的新旧制度冲突、全球经济下行期创新政策与宏观经济政策和产业政策之间的冲突、技术变革下新旧体制转化过程中创新系统与其他子系统的冲突），并指出相对于重点关注创新活动本身问题并尝试解决“系统失灵”现象的第二代创新政策（2.0 版），更关注创新发展过程经济社会系统变革和转型的第三代创新政策（3.0 版）则试图重点解决“体系失灵”的问题（陈志，2018）。

因此，从创新型国家理论以及创新政策的演进来看，深化创新治理体系改革综合治理各种失灵现象，需要坚持生产力与生产关系的辩证统一关系，基于多元、开放、协调、融合的视角，将国家创新体系建设与国家治理体系建设协同起来并统一到创新驱动经济增长和高质量发展的路径上，这也是创新型国家建设过程确保目标实现的双重支撑体系。

第3章 新时代创新驱动发展观的实践历程及理论逻辑

3.1 中国特色的创新驱动发展历程及模式

3.1.1 中国创新驱动发展的历程

改革开放40多年来，我国科技创新取得举世瞩目的成就，创新型国家建设的阶段性成效十分明显，创新驱动发展的效应日益突出。根据历史与逻辑相统一的方法，结合国家科技创新政策及创新战略的演变，将改革开放40余年来中国创新驱动发展的历程简要划分为以下三个阶段。

第一阶段，初步探索期（1985~2005年）。从1985年《中共中央关于科学技术体制改革的决定》揭开科技体制改革序幕到“十一五”之前，科技与经济相结合的改革重心主要围绕加强企业技术创新、发展高科技、加速科技成果产业化、推动科技服务经济建设等方面展开，体制机制改革围绕科技投入、科技系统结构、科技人才制度等方面展开；1995年，《中共中央、国务院关于加速科学技术进步的决定》提出科教兴国战略；1999年，《中共中央、国务院关于加强技术创新、发展高科技、实现产业化的决定》初步提出“推进国家创新体系建设”思想但没有系统部署。这一阶段科技管理体制分散化特征十分明显，科技创新战略及模式以“市场换技术”为主导的引进学习、消化吸收、模仿创新为主，后期逐渐开始探索自主创新（柳卸林，2018）。

第二阶段，快速发展期（2006～2015年）。从2006年《国家中长期科学和技术发展规划纲要（2006～2020年）》正式提出“深化科技体制改革的目标就是建设国家创新体系”到2012年《关于深化科技体制改革加快国家创新体系建设的意见》的全面部署，再到2013年《中共中央关于全面深化改革若干重大问题的决定》的重点要求以及2015年《深化科技体制改革实施方案》的详细部署，“国家创新体系”和“科技治理体系及治理能力现代化”成为国家科技体制改革目标。这一阶段科技体制改革不断深入，推动国家创新体系建设和创新治理体系改革进入系统、全面时期并取得显著成效，科技创新政策逐渐从局部的科技创新体系向国家创新体系以及自主创新战略过渡，科技创新战略及模式也呈现引进开发、集成创新、协同创新、自主创新等多元化深入的特征，但制约创新发展的深层次体制机制障碍以及创新体系整体效能不高的现状依然存在（柳卸林等，2015）。

第三阶段，深化发展期（2016年至今）。2016年《国家创新驱动发展战略纲要》在国家战略层面提出按照“双轮驱动、一个体系、六大转变”布局构建新的发展动力系统以及“多元参与、协同高效的创新治理格局”的创新治理体系改革要求，2016年《“十三五”国家科技创新规划》围绕“建设高效协同国家创新体系”目标任务从六大方面（创新主体、创新基地、创新增长极、创新网络、创新治理结构以及创新生态）提出具体的指导方针。这一阶段科技创新治理现代化的改革方向更加明确，在破除长期制约科技创新发展体制机制障碍上取得突破性进展，科技创新政策的系统性、协同性以及全局性特征不断体现，国家创新体系的顶层设计和战略布局得到进一步优化，创新治理体系改革也深入推进。这一阶段，推动经济高质量发展和创新型国家建设的“双轮驱动＋双体系支撑”的中国特色创新发展模式凸显，科技创新领域取得重大发展和显著成效，协同创新、全面创新、融合创新、开放创新的特征涌现，科技创新战略也从“市场换技术”下的技术追赶、对标赶超逐渐进入到“跟跑”、“并跑”以及局部领跑并存的新阶段。党的十九届四中全会及《中共中央关于坚持和完善中国特色社会主义制度推进国家治理体系和治理能力现代化若干重大问题的决定》充分明确坚持和完善中国特色社会主义制度推进国家治理体系和治理能力现代化的总体要求、总体目标和重点任务，进一步为经济高质量发展、创新型国家建设与中国特色社会主义制度体系优势的协同提供坚实的制度保障、理论指引和前进方向。

3.1.2 中国特色的创新驱动发展模式

改革开放40余年来，在借鉴发达国家和地区经验基础上，中国立足社会主义市场经济制度和基本国情不断推进科技经济体制改革，探索科技创新和体制机制创新的“双轮驱动”创新发展道路，推动科技与经济深度融合，推进创新型国家建设路径。从科教兴国战略、人才强国战略到国家创新驱动发展战略，从“完善和发展中国特色社会主义制度，推进国家治理体系和治理能力现代化”这一全面深化改革总目标的提出，到“坚持双轮驱动、构建一个体系、推动六大转变”这一新发展动力系统的部署，再到“坚持和完善中国特色社会主义制度、推进国家治理体系和治理能力现代化若干重大问题”的充分明确，“国家治理体系”和“国家创新体系”“双体系”的顶层设计和“双轮驱动”的创新发展模式凸显（这一模式，可以简要概括为“双轮驱动+双体系支撑”），逐渐走出成效显著的中国特色自主创新道路，也初步形成中国特色的、以“双轮驱动”为核心的创新发展理论。这一理论的形成，集中反映在国家通过科技体制改革与科技创新政策优化推进国家创新体系建设和创新治理体系改革的三个发展阶段中（张永凯，2019；段异兵，2020）（见图3-1）。

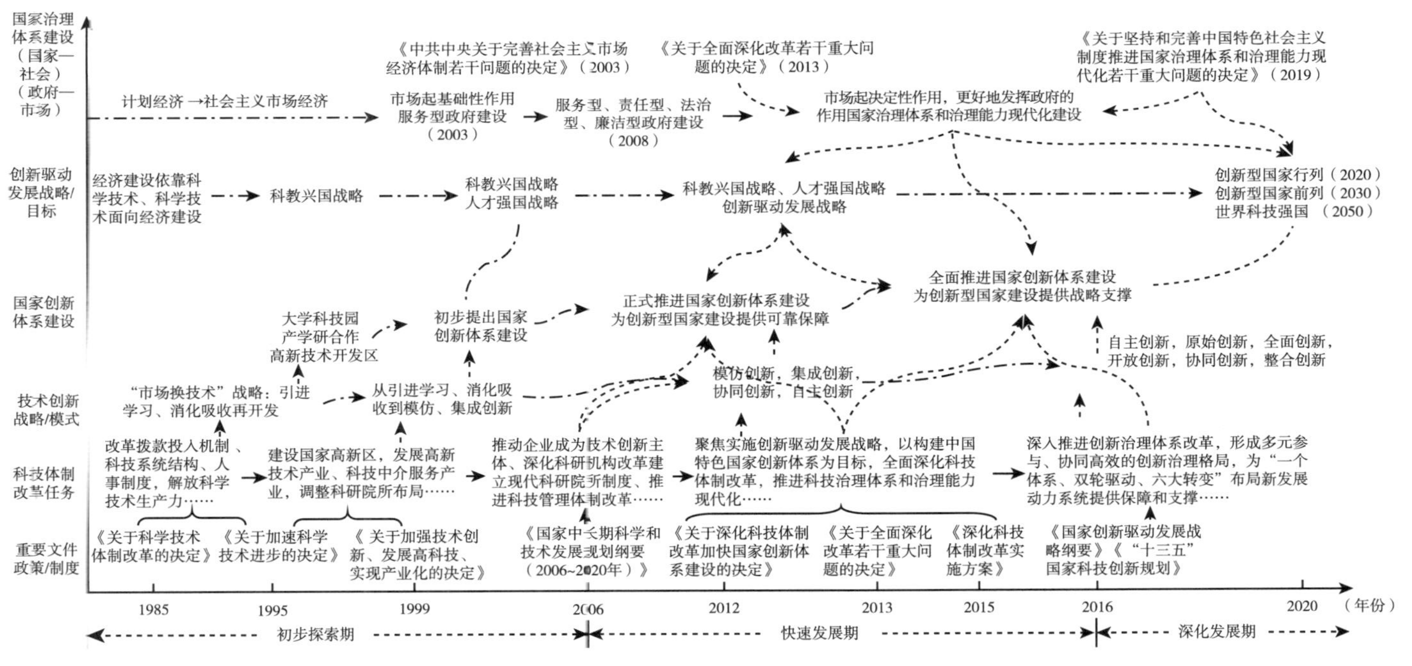

图3-1 中国“双轮驱动+双体系支撑”的创新发展历程

资料来源：李华军. 经济增长、双轮驱动与创新型国家建设：理论演进与中国实践［J］. 科学学与科学技术管理，2020，41（6）：70-90.

3.2　新时代创新驱动发展观的逻辑理路及展望

3.2.1　新时代创新驱动发展观的逻辑理路

改革开放40余年来，中国推动科技与经济深入结合，无论是科技创新还是经济增长都取得巨大成就，初步形成“双轮驱动 + 双体系支撑”推动经济高质量发展和创新型国家建设的发展模式。这一发展模式，是改革开放以来中国在坚持马克思主义立场观点方法、坚持科学社会主义基础上关于生产力与生产关系辩证统一、科技创新与经济发展深度融合、有效市场和有为政府有效协同、技术经济范式与制度体系优势协同的实践探索和理论发展的产物，是新时代中国特色社会主义思想中创新驱动发展观的重要体现，也是新时代为实现高质量发展推动科技强国和经济强国建设而开展的更深层次的探索。结合前文有关经济增长、双轮驱动与创新型国家建设的理论渊源及演进脉络，中国在双轮驱动经济增长和创新发展实践探索过程形成的这一模式的逻辑架构（见图3－2），整体呈现出包容、协同、融合和创新发展的路径特征和实践逻辑。

一是坚持和发展了马克思主义有关生产力与生产关系、经济基础与上层建筑的基本原理以及“人—自然—社会”“科学技术—社会变迁—人类发展”等基本关系思想。如“完善和发展中国特色社会主义制度，推进国家治理体系和治理能力现代化”的全面深化改革总目标、“创新、协调、绿色、开放、共享”的新发展理念、“更高质量、更有效率、更加协调、更可持续”的高质量发展内涵、“科技创新和体制机制创新”双轮驱动的创新发展战略等，

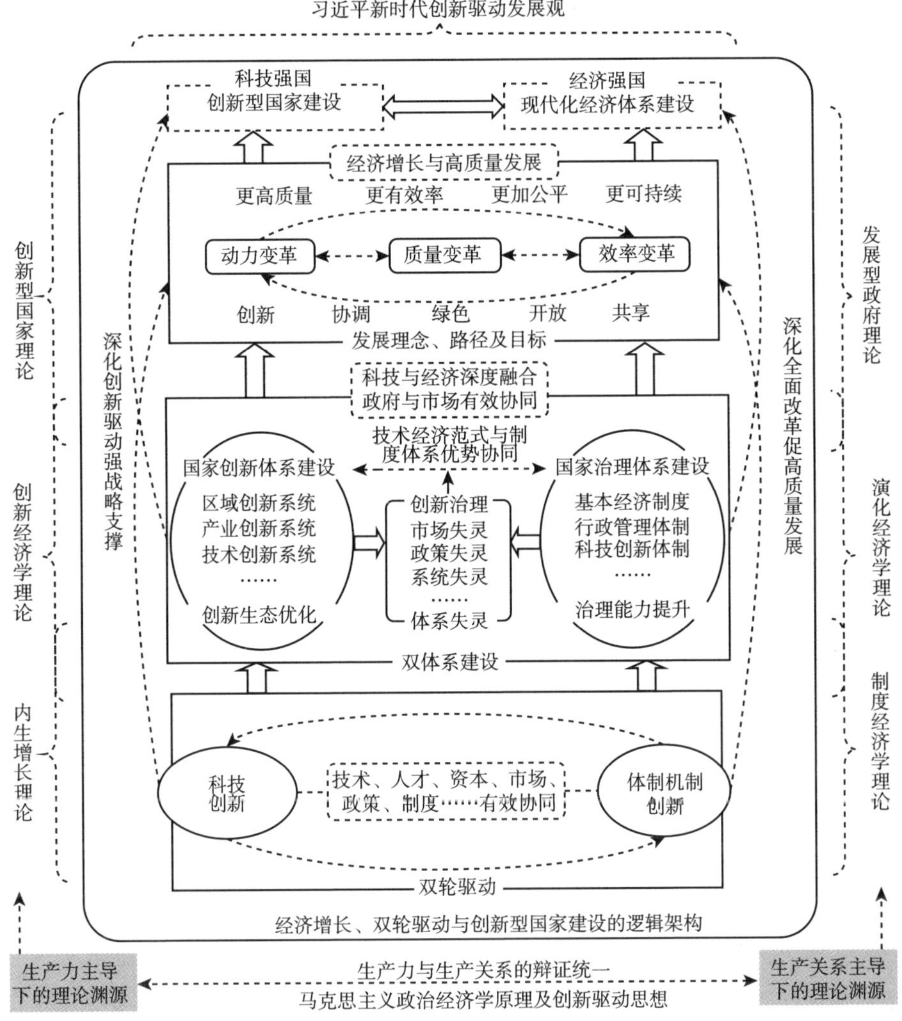

图3－2　新时代创新驱动发展观的逻辑理路及架构

资料来源：李华军．经济增长、双轮驱动与创新型国家建设：理论演进与中国实践［J］．科学学与科学技术管理，2020，41（6）：70－90.

是党和国家在总结改革开放以来所取得的成效、经验以及存在的问题基础上面对经济新常态所做出的重要论断，是新时期推动生产关系同生产力、上层建筑同经济基础相适应、注重人的全面发展等的重要体现。

二是进一步丰富了生产要素和生产力的内涵。从“科学技术是第一生产力”论断的提出到“科学技术是第一生产力，而且是先进生产力的集中体现和主要标志”的丰富，再到国家创新驱动发展战略的提出以及相关重要论断，科技技术作为生产力的内涵不断丰富。党的十八大以来，党中央、国务院围绕实施创新驱动发展战略、发挥科技创新在全面创新中的引领作用提出了一系列创新驱动发展的新思想和新要求，党的十九大报告进一步指出“创新是引领发展的第一动力，是建设现代化经济体系的战略支撑”，党的十九届四中全会将“知识、技术、管理、数据”纳入基础生产要素，再加上“发展是第一要务，人才是第一资源，创新是第一动力”“保护生态环境就是保护生产力，改善生态环境就是发展生产力”等重要论断，新时代创新驱动发展观在坚持和发展马克思主义基本思想基础上结合经济高质量发展的时代需求和战略目标进行了进一步的创新发展。

三是在理论渊源上既体现内生增长理论、创新经济学理论有关技术创新内生驱动的思想，也借鉴制度经济学、演化经济学有关“技术—制度—社会”协同演化的思想以及发展型国家和创新型国家理论有关服务型、学习型和创新型政府的理念。如《国家创新驱动发展战略纲要》指出，“体制机制创新要调整一切不适应创新驱动发展的生产关系”，这种“生产关系”从某种程度上来说就是与旧技术体系和发展模式不相适应的、导致形成“路径依赖与锁定”现象的中观层面的社会技术体制，需要统筹科技、经济和政府治理等多方面的体制机制创新进行变革，而变革的驱动力来自当前经济发展模式向创新驱动主导转变的内在驱动以及宏观层面建设创新型国家的社会技术愿景驱动。再如，党的十八大以来，围绕依法治国、从严治党，在依法执政、廉政建设、贪腐治理、监督体系等方面采取系列举措，目的就是要构建决策科学、执行坚决、监督有力的权力运行体系，打造法治政府和服务型政府，充分提升政府的公信力和执行力，为经济社会发展和创新驱动发展提供充分的保障。

四是“双轮驱动+双体系支撑”模式体现“深化创新驱动强战略支撑”和“深化全面改革促高质量发展”的路径特征，也是改革开放40余年来围绕科技与经济深度融合目标而展开探索的实践逻辑。经济强国与科技强国存在密切联系，但是并不意味着经济强国必然成为科技强国或科技强国必然成为经济强国（柳卸林等，2018），如多西等（Dosi et al.，2006）提出的“欧洲悖论”显示，科技水平在世界上处于领先地位的许多欧洲国家在经济上却表现长期低迷。因此，围绕经济强国和科技强国双重目标，在中国创新型国家建设和现代化经济体系建设过程中，将科技创新与体制机制创新作为双轮驱动、国家创新体系建设与国家治理体系作为双体系支撑协同于科技与经济融合发展实践中，将技术经济范式与中国特色社会主义制度体系优越性协同于创新发展理念中，将“有为政府”与“有效市场”协同于创新驱动发展相关领域体制机制改革以及系列失灵现象综合治理中，逐渐凸显微观创新筑基、中观制度赋能和宏观战略驱动多层次协同的发展趋势与实践逻辑（陈红花等，2019）。

3.2.2　新时代创新驱动发展观的发展展望

3.2.2.1　双轮驱动模式与发展型国家理论3.0

中国改革开放40余年的经济、科技成就为世界瞩目，加上自身发展道路的特殊性，因而形成独特的“中国模式”并被学术界关注（既不同于“华盛顿共识”下的典型市场经济国家，也与“东亚模式”下的新兴工业化国家存在较大差别）（黄宗昊，2016）。“双轮驱动+双体系支撑”创新发展模式的实践逻辑和理论思想，是新时代中国特色社会主义思想中创新驱动发展观的重要内容，是对马克思主义、邓小平理论、“三个代表”重要思想、科学发展观的继承和发展，是经济增长与创新发展的“中国模式”的实践总结和理论创新。

从发展型国家理论的演进来看，尽管发展型国家理论2.0版相对于1.0版用于解释东亚国家近些年来的发展情况比较有说服力，但还是存在局限和争议，尤其是经济全球化冲击加剧后东亚经济体也在向不同的方向转型发展，导致适应新“东亚模式”的“发展型国家理论3.0版”无法形成（黄宗昊，2019）。中国作为发展中国家在40余年来经济发展中取得的成效，党的十八大以来全面深化改革发展形成的“双轮驱动+双体系支撑”创新发展模式及经验，“一带一路”“新时代人类命运共同体构建”等对全球经济治理的意义，以及中国有效防控新冠肺炎疫情背后反映的“国家治理体系—市域治理体系—社会治理体系”多层级联动及“国家（政府）—社会”协同治理的模式及经验，将有助于进一步推动“中国模式”的研究以及对发展型国家实践及理论发展的贡献。因此，将“中国模式”内涵纳入当前正在构建的“发展型国家理论3.0版”，将有助于提升发展型国家理论研究范畴本身的完整性以及对世界其他地区发展的贡献（黄宗昊，2019）。

3.2.2.2 新型举国体制与创新驱动发展

“新型举国体制”是中国特色社会主义制度体系优越性的重要体现，也是“双轮驱动+双体系支撑”创新发展模式背后“国家治理体系建设”与“体制机制创新”的重要内容。在当前全球科技竞争、大国竞争日趋激烈和全球治理格局日趋复杂的背景下，新型举国体制具有鲜明的政治优势、竞争优势、协同优势和战略优势（何虎生，2019）。如前文提到的美国之所以具有“隐藏的发展型国家”或者“新发展型国家”特征，正是因为依靠隐藏的“举国体制”模式推动国家创新体系的建设以及科技、经济和军事实力的提升。同时，在前文“创新治理体系改革与失灵现象综合治理”分析中有关“体系失灵”现象及欧美创新政策3.0版应对这一现象给国家发展战略带来挑战的政策关注重点变化，也说明“举国体制”在国家创新驱动发展过程中的重要意义。因此，如何利用新型举国体制驱动创新发展，是实现中国特色社会主义制度体系优势与创新型国家建设目标和经济高质量发展目标协同的重要保障，尤其是在重大项目、关键核心技术、国家安全技术、颠覆性技术、公共危机应急科研技术等领域，以及国家层面的创新网络体系优化、政策网络体系协同、制度体系转换及应急应变能力提升等方面。

在国家创新体系建设及创新治理体系改革的第二个阶段开始，围绕体制机制创新，开始进入从传统“举国体制”到“新型举国体制”的探索阶段。从《国家中长期科学和技术发展规划纲要（2006—2020 年）》“坚持社会主义制度，把集中力量办大事的政治优势和发挥市场机制有效配置资源的基础性作用结合起来，为科技事业的繁荣发展提供重要的制度保证”有关“新型举国体制”初步要义的提出，到《国家“十二五”科学和技术发展规划》提出“加快建立和完善社会主义市场经济条件下政产学研用相结合的新型举国体制”，再到《“十三五”国家科技创新规划》有关“探索社会主义市场经济条件下科技创新的新型举国体制”的部署，在“新型举国体制”的理论探索和实践下，改革开放 40 余年来中国创新驱动发展取得巨大成就。中华人民共和国成立 70 年以来，三次跨越“技术—经济范式”的“卡夫丁峡谷”成为世界工业体系最完整的第二大经济体并在局部领域与世界发达国家“并跑”或者“领跑”（马国旺等，2019），也充分证明中国新型举国体制在创新发展实践探索过程的重要成效和理论价值。

3.2.2.3　双轮驱动模式与中国特色创新理论

在中国“双轮驱动 + 双体系支撑”创新发展模式下，学术界通过实践总结和理论研究提出许多具有中国特色或原创性的创新理论，呈现多元化的发展趋势，对于创新实践和理论发展都具有重要的意义。由于篇幅所限，以下仅就近期产生的、与“双轮驱动 + 双体系支撑”创新发展模式密切相关的创新新范式（整合式创新、融合创新、使命驱动型创新）为代表简要分析。

“整合式创新”（陈劲等，2017；陈劲等，2019；陈红花等，2019）和“融合创新”（章文光等，2016）成为当前创新发展实践和创新政策设计中比较重要的两个创新理论思想，这也是治理当前科技管理或科技创新领域“两张皮”“孤岛现象”“系统失灵”等问题的重要方式。这两大创新范式，不同程度地借鉴了前文提到的演化经济学多层次视角分析框架（MLP）和战略生态位管理分析框架（SNM）有关技术创新、产业变革及社会技术体制变革三个层级内部要素以及三个层级之间的交互作用、共生演化和协同发展思想，也借鉴了第四代管理学范式变迁“整合与创新”的思想（陈劲等，2019），立足于中国特色创新实践经验和东方文化价值，在国家创新驱动战略引领的全局视野下，整合或融合创新要素层（技术/制度/组织/文化/战略/商业模式）、创新模式（自主/开放/协同/集成）等形成的综合体，成为战略驱动、内生驱动、组合进化和动态发展的创新范式。这两大范式，有利于打破各领域条块分割、分而治之的壁垒，推动创新网络体系和创新生态系统的优化，也有利于推动科技革命与产业变革背景下各种“技术＋”的成果转化和产业化（如“大数据＋”“人工智能＋”），催生新业态（如大数据与互联网的各种业态）、新模式（如中国特色的新型研发机构）。另外，也有学者借鉴创新型国家理论相关思想，结合中国实践，提出“使命驱动型”创新范式，强调“创新要有速度和战略方向，政府要主动参与和主导整个创新过程并具备创造市场的‘企业家职能’以及主动承担重大创新带来的风险，特别是基于国家重大战略和公共利益的创新”（张学文等，2019）。“使命驱动型”创新范式，是新型举国体制与创新驱动发展战略结合的重要实践模式（如党的十八大以来天宫、蛟龙、天眼、悟空、墨子、大飞机等系列国之重器、国之利器科技创新成果的产生），同时也是化解重大公共危机事件的重要途径（如新冠肺炎疫情危机之下国家组织或引导相关部门和专家团队紧急研发疫苗以及生产相关防疫物资或设备）。

当前，协同高效的国家创新体系建设和创新治理体系改革成为构建新的发展动力系统的核心内容，多主体参与、多层级互动、多中心、网络式的创新治理格局以及全方位、系统性、协同型的失灵现象综合治理模式也成为当前的主要任务。随着国家创新治理体系改革的深入推进，基于自主创新、开放协同的整合/融合式创新，有助于适应多要素嵌入、多层级交互和多阶段并存的科技创新生态以及复杂多变的国际技术经济环境，也有助于推动“双轮驱动+双体系支撑”的创新发展模式不断完善。

3.2.3 双轮驱动模式与颠覆性创新理论应用的中国情景

3.2.3.1 颠覆性创新的理论本源及演进

颠覆性创新理论起源于“颠覆性技术”概念，这种“新技术”之所以具有“颠覆性”特征，是因为能够对主流技术范式产生替代性变革（这种替代性变革的过程，表现为后发企业面向新市场或利基市场引入满足低端或新用户需求的技术、产品或商业模式，逐步破坏现有规则乃至取代在位企业）（Christensen，1995；Bower，1995）。随后，克里斯坦森（Christensen）在“颠覆性技术”研究范畴基础上正式提出“颠覆性创新”理论（Christensen，1997），并在后期的研究中结合个人创新实践、学术界的争议与对话以及相关研究进一步完善了相关理论思想（Christensen，2015；Christensen，2017）。克里斯坦森在学术生涯最后阶段又将前期研究资本主义困境时分析的三种创新模式（改进型创新、效率型创新和市场创造型创新）对经济促进作用的差别基础上（Christensen，2014）进一步与新兴经济体的发展表现联系起来，强调相对于面向已消费市场的前两种创新，面向未消费市场的市场创造型创新因在创造就业、消减贫困等方面的突出表现更能创造新的经济增长机会进而实现持续繁荣发展（Christensen，2019a；2019b；2019c）。克里斯坦森生前最后的学术贡献，实际上为颠覆性创新理论的深化发展提供了新的方向——颠覆性创新理论不仅可以用来分析创新活动的技术变革框架、解释创新与竞争反应的因果关系并指导实践，更可以作为政策分析工具应用于国家发展战略规划及创新政策设计上。尤其是在当前新一轮科技革命和产业变革不断深化融合并助推新经济、新业态呈现的时代，颠覆性创新对于新兴经济体及发展中国家具有重要的现实意义和政策价值。

随着技术创新和新经济的迅猛发展以及国内外市场环境的复杂多变，创新竞争战略逐渐由增量型的维持性、渐进式创新向颠覆性和突破式创新方向转变（主要驱动因素有三个：一是面对国际市场竞争的动荡环境，一旦遭遇技术封锁，单纯依靠模仿国外先进技术的维持性创新策略将步履维艰；二是技术快速迭代给予发展中国家跨越式赶超的潜在机会，未消费市场为颠覆性创新的开展提供了优质的土壤；三是基于“蓝海”思维模式的颠覆性创新策略能够在企业进入国际市场时创造非竞争性的安全空间，提供优势积累和技术追赶的双重契机）。正因如此，颠覆性创新理论一经提出便引起学术界和实务界的极大关注，随后也逐渐被应用到各个国家的战略规划及政策设计层面，并最终发展成为 21 世纪初具有重要影响力的创新管理理论。

3.2.3.2 双轮驱动模式与颠覆性创新理论结合的政策情景

颠覆性创新理论的动态演进与发展，反映了理论与实践相统一的辩证发展逻辑，也使得基于技术视角和市场视角形成的两大相对独立的主流研究范式呈现一定程度的交叉和融合趋势。事实上，颠覆性创新的作用机理中技术驱动和市场驱动存在紧密联系，显现出探索新技术和资源以及满足市场需求（细分市场）与利用新技术和资源开拓新市场创造新价值的双元创新驱动结构：前者以技术驱动为主导实现自上而下的高端颠覆，后者以市场驱动为主导实现自下而上的低端颠覆；两种方式驱动的创新活动均可发生在细分市场与主流市场、产品价值链低端与高低端以及新市场与传统市场的纵横向结构维度（Habtay，2012；尚甜甜等，2021；张庆强等，2021）。这种多元协调、融合发展的趋势，对于全球创新版图和经济格局重构背景下中国如何利用制度体系优势深入实施创新驱动战略进一步推动经济高质量发展，以及如何在不稳定性不确定性加剧的国际环境形势中提升风险挑战应变能力具有重要启示。

因此，近些年颠覆性创新理论相关思想提升到中国国家战略和政策层面，如2016年“颠覆性技术”被写入《国家创新驱动发展战略纲要》和《“十三五”国家科技创新规划》，2017年党的十九大报告提出要突出“颠覆性技术创新”，2020年《中共中央关于制定国民经济和社会发展第十四个五年规划和二〇三五年远景目标的建议》中强调“深入实施创新驱动发展战略，坚持走中国特色自主创新道路，在关键共性技术、前沿引领技术、现代工程技术、颠覆性技术创新等方面取得重大突破”，党的十九届四中全会将“知识、技术、管理、数据”纳入基础生产要素，突出了基于数字经济和知识经济新业态的颠覆性创新在创新驱动经济高质量发展过程中的重要性。

3.2.3.3 双轮驱动模式与颠覆性创新理论结合的实践情景

基于上述颠覆性创新的重要战略地位以及当前经济高质量发展和创新型国家建设的时代背景，立足于创新驱动发展“双轮驱动+双体系支撑”的“中国模式”及其深化发展的现实需求，可以借鉴双元能力理论、资源拼凑理论、动态能力理论、组织合法性理论等在创新领域的研究思路，基于颠覆性创新活动的正向触发机制和反向触发机制相结合的静态结构视角及动态演化视角，构建宏（中）观层面经济增长、创新政策、产业政策与微观层面创新实践交叉融合的颠覆性创新理论实践应用及发展展望架构（见图3-3）。

该架构之下的实践应用情景及发展展望内容包括：第一，颠覆性创新的宏（中）观驱动机制，主要包括创新驱动（技术战略、科技规划及创新政策等）、远景驱动（新发展理念及经济高质量发展等）、范式驱动（技术经济范式、社会技术范式、新经济范式等）及价值链驱动（双循环格局、产业政策及碳达峰碳中和战略等）；第二，颠覆性创新微观实践活动的触发机制，主要包括正向触发机制（技术驱动与市场驱动）和反向触发机制（制度与资源双元约束），正反向触发机制存在交互促进或相互影响的作用关系；第三，正向触发机制呈现相对稳定的静态结构特征，但在反向触发机制的影响下（摆脱制度约束或资源约束能力的强弱）导致呈现动态演进特征，最终形成

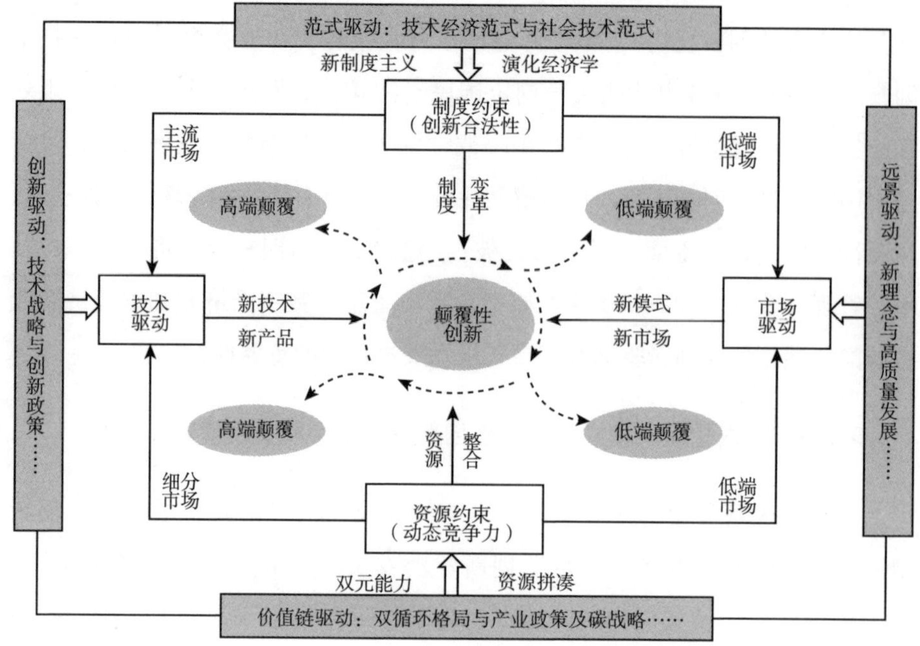

图3-3 基于中国情景的颠覆性创新理论研究及实践发展展望架构

不同市场（高端市场/低端市场或主流市场/细分市场）的颠覆状态及特征（其中：技术驱动为主的价值链前端形成以新技术、新产品为主要载体的高端颠覆，这种颠覆既可以在主流市场形成也可以在细分市场形成；市场驱动为主的价值链中后端形成以新模式、新市场为载体的低端颠覆，这种颠覆主要形成于低端市场或新兴市场；上述价值链中不同环节的不同驱动路径在反向触发机制的影响下可能发生技术越轨或市场跃迁现象，如细分市场演化成主流市场、低端颠覆演化成高端颠覆）。

基于以上理论架构及初步设想，中国情景下的未来研究思路或实践探索方向包括宏（中）观及微观两个层面。宏（中）观层面主要包括：（1）从经济增长、高质量发展视角研究颠覆性创新驱动新经济发展（平台经济、共享经济、数字经济等）的路径机理、影响因素等；（2）从双循环发展格局视角研究颠覆性创新与价值链升位、产业链升级的内在机理及作用关系；

（3）从技术经济范式和社会技术范式视角研究颠覆性创新相关的创新治理体系改革及协同问题；（4）基于价值链视角研究创新链与产业链双螺旋跨越的颠覆性创新相关科技政策及产业政策问题。微观层面主要包括：（1）基于双元能力、资源拼凑等不同视角研究颠覆性创新在价值链高、低端的触发机制；（2）基于动态竞争力、组织合法性等不同视角研究颠覆性创新从细分市场到主流市场的扩散路径及机制；（3）基于上述不同视角研究颠覆性模式（技术变革、商业模式变革）的演进轨迹、跃迁机理及特征。

第2部分

系统协调篇

第4章　高等教育与区域经济高质量发展的关系研究

4.1　高等教育驱动区域经济高质量发展的理论逻辑

4.1.1　高等教育是人力资本结构及质量的优化机制

人力资本和技术进步都是经济增长的内生驱动因素，人力资本对经济的影响，因其存在数量、质量和结构的差异，在不同发展阶段发挥的作用存在差异，同时也具有一定的区域异质性。总体来说，人力资本存量对产业结构的合理化发挥了重要作用，而人力资本质量以及人力资本结构高级化则对产业转型升级以及产业结构高级化发挥了重要作用（杨帆，2013；林春艳等，2017）。同时，人力资本结构高级化对产业价值链升级以及产业创新效率的提升也具有重要作用（耿晔强，2019；张治栋等，2019）。因此，在要素驱动、投资驱动向创新驱动发展模式转变的高质量发展阶段，人力资本质量及结构优化显得尤为关键（景维民，2018）。从人力资本理论来看，教育和“干中学”是人力资本形成和积累的两大重要机制，而高等教育则是人力资本结构优化或高级化的重要机制（Lucas，1988）。由此可见，高等教育是通过人力资本结构优化作用于产业结构、创新活动推动区域经济高质量发展的。

4.1.2 高等教育是区域创新系统运行效率的提升机制

高等教育机构承担着人才培养、科学研究和社会服务等重要功能，对区域经济社会发展具有非常重要的作用。从人才培养角度来看，高等教育通过研究生培养、博士生培养为创新领域输送了大量科技人才和高级人才。从创新领域来看，无论是国家创新系统、区域创新系统，还是三螺旋结构、产学研用协同创新，都说明高等教育机构在区域创新体系中的重要性以及对经济增长的作用。尤其是在全球知识经济发展背景以及发达国家大学科技园（如美国硅谷、日本筑波科学城、英国剑桥科学园区等）建设实践的推动下，大学与区域创新、产业经济发展的合作和互动更为深入（Henry E.，2005）。同时，上述合作与互动，也推动了高等教育自身的创新发展并更深入地嵌入区域创新生态系统并成为重要的创新主体（Cai，2017）。因此，高等教育作为区域创新体系建设的核心要素以及创新的源头供给，通过科学研究以及产学研合作等知识创新活动，促进知识外溢和技术扩散，成为区域创新系统运行效率的提升机制（辜胜阻，2018）。在经济高质量发展的创新驱动路径上，在“双一流”建设背景下，高水平大学更是提升区域自主创新能力的中坚力量。

4.1.3 高等教育是区域均衡发展的协调机制

在中国经济发展实践过程中，长期以来“效率优先”的非均衡发展模式有力推动了整体上的经济增长，但也形成了东中西部的发展差距，体现在社会经济、科技、教育等领域。在前期发展积累基础上，加上地缘优势、资源禀赋等因素，上述差距并没有能够通过市场化的趋同机制实现自我修正，导致“强者愈强，弱者愈弱”的“马太效应”，如广东省区域发展过程的长期不均衡现状（胡亚荣，2017；何健文等，2019）。这种不均衡现状无法通过梯度推移以及增长极的辐射扩散作用得到根治，成为新时代区域经济“更高质量、更有效率、更加公平、更可持续”发展的瓶颈。高等教育的人才培养、科学研究、社会服务等功能使得高等教育成为推动区域技术进步、产业结构升级、人力资本质量提升的重要机制，同时高等教育自身的外部性特征以及溢出效应也使得其成为提升区域经济梯度推移能力进而促进区域均衡发展的重要因素。

4.2　基于 VAR 模型的实证分析及比较

4.2.1　经济总量模型的关系检验

4.2.1.1　模型引入及变量、数据选取

从前述文献分析可知，高等教育、技术创新以及经济增长之间存在密切的关系。在此，以区域发展不平衡不充分的典型代表广东省为例，借鉴相关学者的研究思路，引入向量自回归（vector auto-regressive）分析方法构建 VAR 模型，选取高等教育规模（以普通高等学校在校生平均人数这一指标表征）、专利申请授权量和 GDP 总量分别作为上述三大要素的衡量指标，运用 Eviews 9.0 软件对三者相互作用关系进行验证，探析广东省高等教育与区域经济发展的整体关系（许长青，2013；陶韶菁，2016）。实证分析选择 1991 ~

2018年共28个年度时间序列数据，数据来源于相关年度的广东统计年鉴。数据做如下处理：一是各年度GDP数据根据以1990年为基期的GDP平减指数折算为实际GDP；二是对各指标实际数据取自然对数并作为实证分析数据代表，LNSCA、LNPT、LNGDP分别代表高等教育规模、专利申请授权量、GDP总量。

4.2.1.2 单位根检验及VAR模型构建

运用ADF方法对LNSCA、LNPT、LNGDP进行单位根检验，DLNPT、DLNGDP、LNSCA的二阶差分序列均在99%的置信区间平稳。根据AIC、SC原则，确定滞后2期为最优滞后期，因此建立滞后期2期的VAR模型（见表4－1）。

表4－1 VAR模型滞后期确定

lag	logL	LR	FPE	AIC	SC	HQ
0	-17.35884	NA	0.001023	1.628707	1.774972	1.669275
1	117.1323	225.9452	4.50e-08	-8.410586	-7.825526	-8.248315
2	138.2438	30.40057*	1.77e-08*	-9.379507*	-8.355651*	-9.095533*
3	141.4918	3.897558	3.09e-08	-8.919344	-7.456693	-8.513667

注：*代表根据AIC和SC最小值原则确定的结果。

对于建立的VAR模型，必须验证AR根的稳定性以确保脉冲响应函数和方差分解结果的有效性，检验结果显示，所有特征根都位于单位圆内，说明建立的VAR模型是稳定的（见图4－1）。随后的格兰杰检验及方差分解均在此基础上进行。

4.2.1.3 方差分解分析

VAR模型格兰杰因果关系只是静态反映高等教育、技术创新与经济增长相互之间的内在关系，而方差分解是分析影响内生变量结构冲击的贡献度，有助于进一步了解上述三者相互之间的影响程度及动态变化（结果见图4－2）。

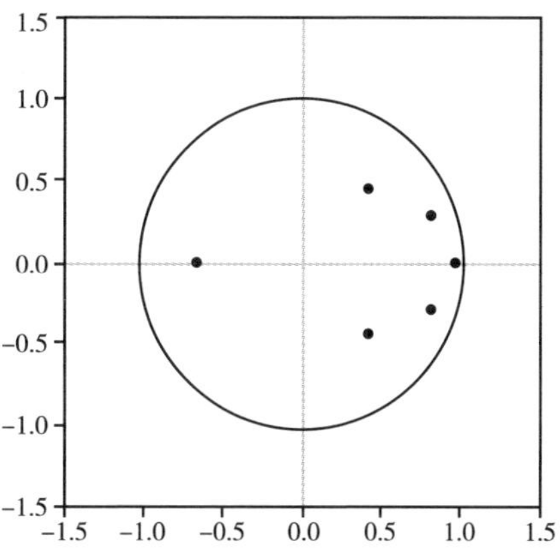

图 4－1　VAR 模型稳定性检验（AR 根）

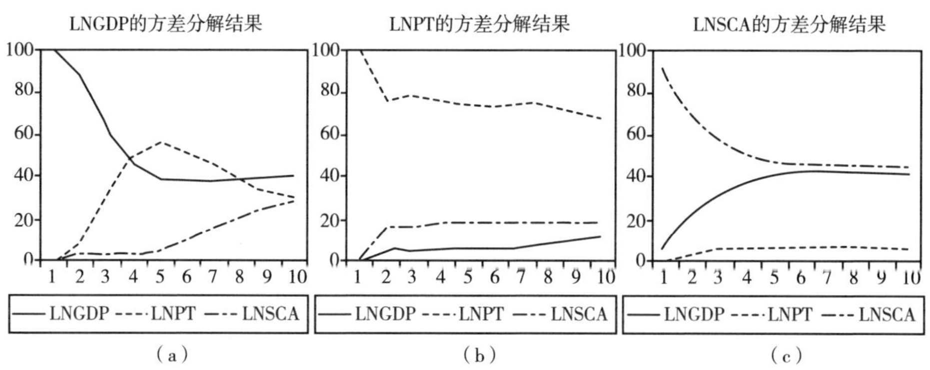

图 4－2　各变量方差分解

LNGDP 的方差分解结果（见图 4－2（a））整体表明，经济增长除了自身发展的惯性推动及累积效应外，高等教育和技术创新都发挥了重要的作用（前期技术创新作用大，后期两者作用基本相当）。LNPT 的贡献程度后期下降间接说明，技术创新推动经济增长受到科技成果转化效率和质量以及技术扩散效应的抑制；LNSCA 的贡献程度经历前期小幅的缓慢波动增长后快速提升，说明高等教育对经济增长的影响更是一个长期的过程。

LNPT 的方差分解结果（见图 4－2（b））整体表明，技术创新受到自身发展的惯性推动及累积效应更为强烈，说明了技术进步的报酬递增特征以及内生驱动效应。结果也表明，高等教育对技术创新的作用比经济增长相对更高，原因在于高等教育通过科技人才输送、知识创造及扩散等方式更大程度地推动了技术创新。

LNSCA 的方差分解结果（见图 4－2（c））整体说明，高等教育主要受到自身发展（包括高等教育政策）以及经济发展程度的影响，而技术创新的影响程度并不十分明显。部分原因在于，高等教育的外部性以及人才流动性削弱了技术创新对广东省大学生规模的需求，例如珠三角地区的“虹吸效应”集聚了全国各地的大学生以及相关人才。

4.2.2 经济质量模型的关系检验

4.2.2.1 模型引入及变量、数据选取

在前述 VAR 模型中，以 GDP 总量指标表征经济增长，验证高等教育与区域经济发展的关系。考虑到经济高质量发展阶段对经济发展质量和区域可持续发展的要求，在此用人均 GDP（用 GDPP 表示）代表经济增长质量，而其他两个指标不变，由此构建高等教育与区域经济发展的经济质量模型，进一步考察高等教育与区域经济发展的关系。

4.2.2.2 VAR 模型构建及检验结果

在经济质量模型下，LNGDP、LNPT、LNSCA 的原始序列 ADF 统计量对应的显著性概率 P 值为均大于 0.05、均不能拒绝假设，一阶差分后 LNGDP、LNSCA 的 ADF 统计量对应的显著性概率 P 值仍然均大于 0.05，表明原始序列和一阶差分序列均没有通过单位根检验，LNGDP、LNPT、LNSCA 的二阶差分序列 ADF 统计量对应的显著性概率 P 值为均小于 0.05，说明三者属于二阶平稳序列，后续研究在此基础上进行。随后采用 AIC 和 SC 同时达到最小值即为最优阶数准则来确定最优阶数，根据滞后阶数结果，确立最优滞后阶数

为2，由此建立VAR模型（见表4-2）。

表4-2　　VAR模型滞后期确定

lag	logL	LR	FPE	AIC	SC	HQ
0	-23.69640	NA	0.001565	2.053569	2.198734	2.095372
1	103.8866	215.9097	1.72e-07	-7.068202	-6.487542	-6.900993
2	137.6747	49.38262*	2.65e-08*	-8.974979*	-7.958825*	-8.682364*

注：*代表根据AIC和SC最小值原则确定的结果。

格兰杰因果关系检验结果显示，LNSCA、LNPT、LNGDPP两两之间互为格兰杰因果关系，高等教育、技术创新与经济增长的相互关系依旧存在，但是三者交互作用的动态关系存在差异，这从两个模型（在此简要定义为经济质量模型（a）与经济总量模型（b））的方差分解结果比较中可以看出（见图4-3）。

LNGDPP的方差分解结果

期数	S.E.	LNGDPP	LNPT	LNSCA
1	0.023561	100.0000	0.000000	0.000000
2	0.035854	89.05294	4.154157	6.792905
3	0.043904	70.50070	20.14429	9.355009
4	0.049582	55.27973	36.13208	8.588195
5	0.056640	47.55278	45.20782	7.239402
6	0.066522	46.56059	43.58742	9.851989
7	0.079063	47.13044	37.51399	15.35557
8	0.092413	47.94076	31.61150	20.44774
9	0.105177	48.39973	27.32980	24.27047
10	0.116316	48.74065	24.50030	26.75905

LNPT的方差分解结果

期数	S.E.	LNGDPP	LNPT	LNSCA
1	0.129607	0.001773	99.99823	0.000000
2	0.166062	5.424789	76.37056	18.20465
3	0.180418	4.704506	78.72407	15.57142
4	0.184275	4.510139	76.69258	18.79734
5	0.187362	5.327152	76.40364	18.26921
6	0.188923	5.482925	76.18221	18.33487
7	0.191569	5.333359	76.79251	17.87413
8	0.194990	6.010639	76.54011	17.44925
9	0.201923	8.015449	74.32771	17.65684
10	0.211492	11.63223	69.99550	18.37227

LNSCA的方差分解结果

期数	S.E.	LNGDPP	LNPT	LNSCA
1	0.039088	9.142819	0.032488	90.82469
2	0.075827	26.01209	3.400207	70.58771
3	0.118522	37.88530	6.613498	55.50120
4	0.160509	44.98155	7.414527	47.60392
5	0.196651	48.35922	7.255980	44.38480
6	0.224042	49.85380	6.862190	43.28401
7	0.242640	50.33384	6.598818	43.06734
8	0.253853	50.42596	6.513449	43.06059
9	0.259831	50.37159	6.582591	43.04582
10	0.262619	50.28503	6.744773	42.97020

Cholesky分解顺序：LNGDPP LNPT LNSCA

（a）

LNGDP的方差分解结果

期数	S.E.	LNGDP	LNPT	LNSCA
1	0.024083	100.0000	0.000000	0.000000
2	0.035105	87.47499	8.276747	4.248266
3	0.043550	63.35767	31.39420	5.248133
4	0.051145	46.42324	49.63443	3.942332
5	0.060265	39.39485	55.96053	4.644621
6	0.071406	38.56794	52.00895	9.423111
7	0.084366	39.01613	44.87081	16.11306
8	0.097861	39.74352	38.38741	21.86907
9	0.110796	40.28920	33.64443	26.06637
10	0.122281	40.75576	30.42525	28.81899

LNPT的方差分解结果

期数	S.E.	LNGDP	LNPT	LNSCA
1	0.130482	0.484440	99.51556	0.000000
2	0.164792	6.765663	76.92480	16.30953
3	0.177369	5.877076	78.39845	15.72447
4	0.181210	5.713860	75.81866	18.46748
5	0.184824	7.346551	74.64873	18.00472
6	0.186468	7.545340	74.36150	18.09316
7	0.189259	7.332425	75.05094	17.61664
8	0.193029	7.930700	74.78978	17.27952
9	0.200155	9.530233	72.65219	17.81758
10	0.209675	12.45935	68.54511	18.99554

LNSCA的方差分解结果

期数	S.E.	LNGDP	LNPT	LNSCA
1	0.040103	7.401177	0.488441	92.11038
2	0.079945	22.96688	5.009347	72.02377
3	0.124595	33.40184	8.204088	58.39407
4	0.166593	39.66641	8.796511	51.53708
5	0.201188	42.61643	8.497727	48.88585
6	0.226498	43.89697	8.041694	48.06133
7	0.243176	44.28777	7.766001	47.94623
8	0.252989	44.35283	7.694263	47.95291
9	0.258103	44.29718	7.784485	47.91833
10	0.260430	44.21442	7.963165	47.82241

Cholesky分解顺序：LNGDP LNPT LNSCA

（b）

图4-3　经济质量模型与总量模型方差结构分解比较

4.2.3 “总量—质量”模型的结果比较及差异分析

从LNGDPP与LNGDP在不同模型的方差分解结果比较来看，主要差异如下：一是经济质量模型下经济发展自身惯性或累积影响程度比经济总量模型下的表现大（LNGDPP与LNGDP最终贡献程度分别为48.74%和40.76%）；二是从长期角度来说，经济质量模型下高等教育对经济质量的影响程度比技术创新大（LNSCA与LNPT的最终贡献程度分别为26.76%、24.50%），而在经济总量模型下的表现则相反（分别为28.82%、30.43%）；三是经济质量模型下高等教育对经济发展的影响程度和速度均超过经济总量模型下的表现，技术创新则相反（一定程度上反映了当前科技与经济不协调的现象，如科技成果转化效率低、产业化程度不高等）。

从LNSCA在不同模型的方差分解结果比较来看，主要差异如下：一是经济质量对高等教育方差分解的贡献程度大于经济总量，说明经济发展质量的提升有助于破解教育投资这一人力资本形成机制或结构优化机制所受到的家庭收入水平、信贷支持等约束条件，进而推动高等教育与经济发展形成更为良性的互动关系；二是经济质量模型下高等教育经济发展自身惯性或累积影响程度比经济总量模型的小，这在一定程度上说明经济高质量发展阶段高等教育人力资本供给不仅仅需要提升规模，还需要在供给结构上进行优化；三是经济质量模型下技术创新对高等教育方差的贡献程度比经济总量模型下的小，这也在一定程度上反映了人力资本形成和积累不仅仅依赖教育，还有“干中学”，尤其是科技创新人才的研究开发能力，需要在技术创新实践中不断提升。

综合上述两个不同模型下的方差分解比较结果，表明区域经济高质量发展阶段高等教育的地位和重要性更为突出。同时，也说明高质量发展阶段，技术创新对高等教育的需求更多的是人才质量而不是数量，高等教育发展规模及质量提升也更依赖于经济发展质量而非总量。另外，经济质量模型下技术创新的作用没有在经济总量模型下的作用突出，间接反映了当前科技成果转化效率低、产业化程度不高等科技与经济不协调的现象，一定程度上也说明新发展阶段高等教育与区域技术创新需要进一步协调发展。

4.3 基于系统耦合协调度模型的实证分析

4.3.1 评价模型构建

由前三章的理论分析可知，人力资本结构优化、科技创新驱动和实体经济导向是解决新阶段发展不平衡不充分、结构性失衡和发展动力不足等问题的重要驱动机制，这些驱动机制的作用机理在VAR模型的实证分析中也得到部分程度的验证。但是，由于指标选择的单一性，基于VAR模型并不能完全解构区域经济高质量发展的作用机制及影响因素。同时，对于区域经济高质量发展运行体系来说，由于涉及的要素众多，交互作用关系复杂，有必要进一步立足于高等教育与区域经济发展的系统协调性视角展开进一步分析。在此基础上，明晰相关驱动因素的作用机制及成效，进一步揭示经济高质量发展过程的影响因素。因此，引入耦合协调度（C）模型分析高等教育（U_1）、科技创新（U_2）和产业经济（U_3）的协调发展程度及影响因素（姜磊等，2017）。

$$C_{123}=\left[\frac{U_1\times U_2\times U_3}{\left(\frac{U_1+U_2+U_3}{3}\right)}\right]^{\frac{1}{3}} \qquad (4-1)$$

在式（4-1）中，$U_i(i=1,2,3)$表示各驱动机制所在系统的综合发展水平得分，在此基础上，子系统对总系统的贡献程度，可通过以下线性加权法公式求出：

$$U_i = \sum_{j=1}^{n} w_{ij} u_{ij}, \sum_{j=1}^{n} w_{ij} = 1 \tag{4-2}$$

耦合度 $C \in [0,1]$，C 值越大，说明子系统自建耦合度越高。鉴于各子系统所包含的指标标准不同，加之四个子系统交互作用影响，单纯参考耦合度很难反映出整体功效和协同水平。为此，进一步引入系统耦合协调度模型（D）：

$$D = \sqrt{C \times T}, \text{其中}, T = \alpha U_1 + \beta U_2 + \chi U_3 \tag{4-3}$$

其中，T 为系统综合协调系数，α、β、χ 为子系统贡献系数。鉴于经济高质量发展的协调要义，在此将高等教育、科技创新和产业经济三个子系统的贡献程度均假定为相等，即贡献系数均为 1/3。

在耦合协调度模型下，耦合协调度对应划分为四个层次：（1）低度协调（$0 \leqslant D < 0.4$），表明区域经济发展存在多个系统相互之间不协调的问题，经济高质量发展驱动机制的协同效应低；（2）拮抗磨合（$0.4 \leqslant D < 0.6$），表明区域经济发展存在少数系统之间不协调的问题，经济高质量发展驱动机制的协同效应不高；（3）中度协调（$0.6 \leqslant D < 0.8$），表明区域经济各系统之间的耦合协调发展程度较好，经济高质量发展驱动机制的协同效应较高；（4）高度协调（$0.8 \leqslant D < 1$），表明区域经济各系统之间的耦合协调发展程度高，经济高质量发展驱动机制的协同效应很高。

4.3.2 指标体系设计及权重计算

根据上述思路，立足区域经济社会系统协调发展视角，结合前述章节有关经济高质量发展内涵及度量维度内容，遵循系统性、科学性和数据可获得性原则，构建系统耦合协调度测度指标体系（见表 4-3）。其中，高等教育系统按照规模与数量、结构与质量两个维度划分要素层，反映经济高质量发展的人力资本结构优化驱动机制以及科学研究促进创新合作驱动机制；科技创新系统按照科技投入、科技产出和创新环境划分要素层，反映经济高质量发展的技术创新及成果转化驱动机制；产业经济系统按照经济高质量发展内涵相关的综合效益、结构质量、经济效率、经济开放性、经济共享性、发展可持续性划分要素层，反映产业结构优化、实体经济导向、共享发展、绿色发展等驱动机制（李华军，2020、2021）。在少数维度的具体指标上，考虑后续标准化处理方式，已将负向指标按其经济含义处理转化为正向指标，故表4－3中所有指标均为正指标。

表4－3　高等教育与区域经济协调发展程度评价指标体系

准则层	要素层	指标
高等教育系统（U_1）	规模与数量	每万人高校在校学生数
		毕业生人数
		专任教师数
	结构与质量	高等教育毛入学率
		研究生毕业人数
		专任教师正高职称人数
		专任教师/在校生数
		生均财政预算高校教育事业费支出
科技创新系统（U_2）	科技投入	财政科技投入
		R&D经费
		R&D人员全时当量
		R&D经费占GDP比重
	科技产出	新产品销售收入
		每万人专利授权数量
		高新技术产业产值
	创新环境	技术合同成交额
		综合科技进步水平指数
		科技活动人员占常住人口比重

续表

准则层	要素层	指标
产业经济系统（U_3）	综合效益	人均 GDP
		单位土地面积 GDP 产出
	结构质量	先进制造业增加值占 GDP 比重
		现代服务业增加值占 GDP 比重
		高技术制造业增加值占 GDP 比重
	经济效率	规模以上工业资产贡献率
		规模以上工业成本费用利润率
		规模以上工业全员劳动生产率
	经济开放性	实际利用外资占 GDP 比重
		进出口总额占 GDP 比重
	经济共享性	居民人均可支配收入
		常住人口人均财政教育经费支出
		常住人口每万人拥有卫生机构数
	发展可持续性	每万吨标准煤 GDP 产出
		每亿千瓦时电量 GDP 产出

根据评价模型及指标体系，结合研究目的，选取广东省 2010～2019 年高等教育、科技创新、产业经济和社会发展领域的数据进行实证分析。数据来源于历年《广东统计年鉴》《广东科技年鉴》《中国科技统计年鉴》以及相关政府部门官方网站。由于各指标单位、性质以及数量级差异，为消除不同量纲带来的影响，需要对原始数据进行标准化处理。在前文指标体系构建时，已将少数负向指标转化为正向指标，故采用如下公式进行标准化处理（朱喜安，2015；姜磊等，2017）。

$$X_{ij}^{*} = \frac{X_{ij}}{\sqrt{\sum_{i=1}^{n} X_{ij}^{2}}} \tag{4-4}$$

其中，X_{ij}为第 i 系统中第 j 个指标的实际值；$i=1,2,3$；$j=1,2,3,\cdots,n$。

指标权重采用客观赋权法中的熵值法确定（朱喜安，2015），其计算步骤如下。

（1）计算标准化处理后的指标对应的系统的比重，m 为年份数：

$$S_{ij} = \frac{X'_{ij}}{\sum_{j=1}^{m} X'_{ij}} \tag{4-5}$$

（2）评价第 j 项指标的熵：

$$h_j = -\frac{1}{\ln m}\sum_{j=1}^{m} S_{ij}\ln S_{ij} \tag{4-6}$$

（3）计算出评价指标的信息效用值：

$$a_j = 1 - h_j \tag{4-7}$$

（4）确立评价指标的熵权：

$$W_j = \frac{a_j}{\sum_{j=1}^{m} a_j} \tag{4-8}$$

4.3.3 耦合协调度分析

4.3.3.1 计算结果

根据耦合协调发展模型及计算步骤，得出广东省 2010～2019 年区域经济高质量发展下四系统各自综合发展水平指数及耦合协调度（见表 4－4 及图 4－4）。总体来说，广东省高等教育（U_1）、科技创新（U_2）和产业经济（U_3）三个系统耦合度（C）非常高，10 年均值达到 0.9838，其中前一阶段（2010～2014 年）由于受到金融经济危机影响出现较小幅度的波动和震荡。各子系统综合发展水平指数及系统耦合协调度分析如下。

表 4-4　2010~2019 年高等教育与区域经济高质量发展的系统耦合协调度

年份	U_1	U_2	U_3	T	C	D	协调等级
2010	0.1988	0.1198	0.2514	0.1900	0.9557	0.43	拮抗磨合
2011	0.2138	0.1353	0.2618	0.2036	0.9644	0.44	拮抗磨合
2012	0.2341	0.1603	0.2748	0.2231	0.9758	0.47	拮抗磨合
2013	0.2467	0.1972	0.2917	0.2452	0.9874	0.49	拮抗磨合
2014	0.2537	0.1989	0.3056	0.2527	0.9849	0.50	拮抗磨合
2015	0.2890	0.2413	0.3155	0.2819	0.9939	0.53	拮抗磨合
2016	0.3160	0.3084	0.3169	0.3138	0.9999	0.56	拮抗磨合
2017	0.3759	0.3603	0.3382	0.3581	0.9991	0.60	中度协调
2018	0.4106	0.4638	0.3480	0.4075	0.9931	0.64	中度协调
2019	0.4731	0.5822	0.3722	0.4758	0.9836	0.68	中度协调
均值	0.3012	0.2767	0.3076	0.2952	0.9838	0.53	—

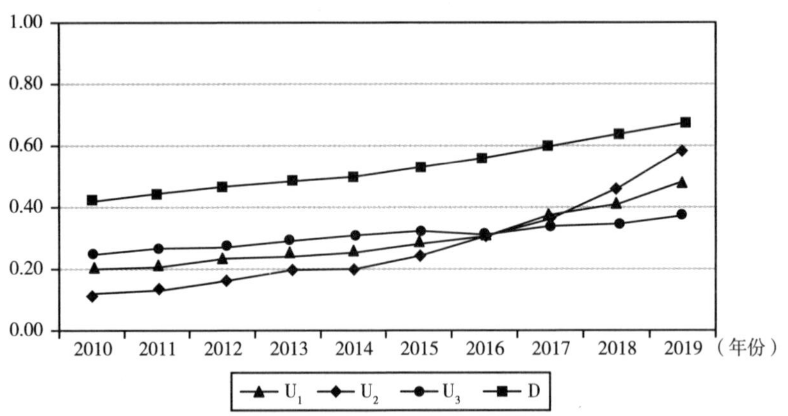

图 4-4　2010~2019 年高等教育与区域经济高质量发展的系统耦合协调度

4.3.3.2　三系统发展指数分析

（1）高等教育子系统分析。2010~2019 年，高等教育子系统综合发展水平指数及趋势与产业经济系统较为吻合，整体上呈现稳定缓慢发展态势，说明高等教育与经济高质量发展存在长期稳定的均衡关系，大力发展高等教育通过人力资本结构高级化以及通过科学研究、社会服务支持创新驱动发展直接或间接推动经济高质量发展，而经济高质量发展有助于通过地方财力提升、民生福祉增进、科技进步等进一步促进高等教育事业的发展。但是，从上述实证分析结果也可以看出，近两年高等教育发展势头落后于科技创新系统且二者差距呈现逐渐加大的趋势，这说明当前广东省高等教育的发展与创新驱动不够协调，在说明广东创新驱动发展特征明显的同时也间接说明高等教育发展有待进一步提升，如高等教育毛入学率、高等教育生均投入以及内部结构（重点学科专业比例，本硕博比重等）。

（2）科技创新子系统分析。科技创新子系统综合发展水平指数呈一定程度的阶段性变化：2010～2014 年呈波动上升状态，2014 年后保持稳定上升态势；2010～2015 年，综合发展水平指数落后于产业经济子系统，2016 年开始领先于产业经济子系统，说明广东省“十二五”后期出台系列政策措施深入推进创新驱动发展取得重要成效（2017～2019 年广东省区域创新能力在全国连续三年排名第 1），间接反映了广东省经济发展从创新驱动迈向创新引领的发展趋势。另外，科技创新子系统与产业经济子系统综合发展水平指数缺口加大，间接说明科技成果转化效率及产业化程度有待提升，科技创新对于产业结构优化、价值链地位提升的作用有待加强。

（3）产业经济子系统分析。与其他两个子系统相比，2010～2019 年广东省产业经济系统综合发展水平指数阶段性特征明显：2010～2015 年这一阶段领先于其他两个子系统，原因在于前期受国家及地方政府应对金融危机出台的系列刺激经济政策影响，产业经济领域要素驱动、投资驱动效应明显；2015～2019 年这一阶段则先后落后于其他两个子系统，主要原因在于受到经济新常态影响。另外，金融危机以来，广东省产业经济系统综合发展水平指数提升较为缓慢，说明尽管当前广东省区域创新能力、经济总量在全国领先，但从经济高质量发展角度来看还是存在差距，间接说明广东省长期以来存在的区域发展不平衡不协调的现实困境制约了区域经济高质量的发展（2014～2019年，珠三角地区GDP总量占全省比重均保持在80%左右，而粤东西北地区仅占20%左右）。

4.3.3.3 三系统耦合协调度分析

（1）三系统耦合协调度整体分析。总体而言，2010～2019年，三个子系统的耦合协调度保持稳定增长趋势，说明“十二五”以来，广东省高等教育、科技创新和产业经济三大子系统交互作用明显，相互促进发展。从系统整体耦合协调度具体数值水平来看，虽然稳定提高但整体协调水平不够高（10年均值为0.53，仅有3年处于中度协调状态），这说明高等教育、科技创新和产业经济系统相互促进和协调发展的协同效应有待提升，各子系统的经济高质量发展驱动机制的作用需要进一步发挥。

（2）三系统耦合协调度分阶段分析。第一阶段为拮抗磨合阶段（2010～2016年），反映了广东省在调结构、促转型期间，三系统交互作用和协调程度不够。主要原因包括：一是国际金融经济危机影响下的要素驱动、投资驱动策略使得经济总量效应明显，但经济发展质量有待提升；二是广东省双转移政策尽管取得较好成效，但大量高能耗、高污染的传统制造产业从珠三角地区转移到粤东西北地区，产业结构调整及转型升级的质量在全省层面来说有待进一步提升；三是高等教育与区域创新的交互作用和协同发展程度不足，科技创新成果转化及产业化效果有待提升。第二阶段为中度协调阶段（2017～2019年），这一时期三系统交互作用、协调发展的协同效应提升，主要原因在于国家和地方政府层面推动创新驱动发展战略、实施全面深化改革取得系列成效。但是，这一阶段三系统耦合协调程度还是没有达到高度协调的状态，还是不能较好地适应经济高质量发展的需求。原因在于，高等教育发展和人才强省战略协调程度不足、金融发展与实体经济协调程度不足、科技创新第二阶段的科技成果转化及产业化效率有待进一步提升，以及广东省区域经济社会发展不均衡、不充分等（详细原因后文有具体分析）。

4.4　高等教育与区域经济协调发展的影响因素分析

4.4.1　人力资本结构及质量与创新驱动发展不协调

作为中国率先发展起来的改革开放前沿阵地，广东省在劳动力和人才集聚上具有较强的优势，庞大的跨省流动人口为广东经济发展提供了充裕的人力资源。根据国家“2015 年全国 1% 人口抽样调查”数据显示，广东、浙江、江苏和山东四个经济大省的跨省流动人口（仅限离开户籍登记地半年以上的外省人口）占全国总量依次为 24.79%、12.07%、8.95%、2.28%，这反映出广东经济发展对外来劳动力的依赖程度明显要比其他三个经济大省高（国家统计局人口和就业统计司，2016）。随着广东周边省份经济快速发展以及当地政府在经济新常态和新发展阶段对人力资源的重视程度提高，将出现新增流入减少、外省回流增多的趋势。2020 年 2 月下旬，在国内新冠肺炎疫情危机尚未结束的情况下，部分省份根据疫情控制情况和社会经济运行需要开始复工所采取的针对性的专机、专列、专车以及专项薪资劳保补贴等政策的力度和幅度之大，间接说明这些省份对人力资源的重视程度不断提升。长期存在的流动人口路径依赖现象、现有的流动人口变化以及疫情危机过后的人口流动趋势，都给广东省保持持续稳定的经济增长趋势带来一定的挑战。

据前述人口抽样调查数据显示，广东就业人口平均受教育年限优于全国水平，但受大专及以上教育程度就业人口占比却比全国低 0.27 个百分点，分别比江苏、浙江两省低 3.53 个和 1.82 个百分点（国家统计局人口和就业统计司，2016）。因此，从人力资本结构来看，广东经济发展在一定程度上所依赖的更多是“人口红利”而非“人才红利”。同时，2013 年以来广东省高等教育毛入学率一直低于全国水平且差距较大，其中 2016～2019 年广东省与国家的高等教育毛入学率分别为：35.1%、38.7%、42.4%、46%与42.7%、45.7%、48.1%、51.6%。[①] 尽管上述毛入学率的差距与巨大的流动人口基数有关系，也尽管高等教育还存在一定的外部性和流动性特征，但作为具有较强的人才、资本、技术等集聚效应的区域来说，广东省的高等教育发展与区域经济发展不够协调，这将影响高质量发展阶段内生驱动发展和创新驱动发展所依赖的高质量的人力资本结构。

4.4.2 高等教育发展不平衡不充分

据《广东省教育改革发展研究报告（2019）》相关数据显示：2017 年，广东省每万人普通本专科在校生规模排第 12 位（按户籍人口统计），普通高校教师高级职称比例排第 20 位，研究生在校生数量排第 8 位，国家级重点学科数量排第 7 位，省部级重点学科（一级）以及博士学位授权学科（一级）数量均排第 6 位，硕士学位授权一级学科排第 8 位（广东省教育研究院，2019）。从上述高等教育发展相关指标在全国的排名情况来看，广东省高等教育总体发展水平不够高，与经济地位不适应、与区域经济发展不够协调。“十三五”期间，广东省陆续推出高水平大学建设、高水平理工科大学建设、省市共建本科高校、特色重点学科建设等一系列重要政策及项目，经过阶段性发展形成当前“冲一流、补短板、强特色”的一揽子计划，取得较好的建设成效，推动了高等教育综合实力的提升。但是，粤东西北地区高校整体实力偏弱、高等教育支撑区域重大发展战略以及全省经济高质量发展能力不足

① 资料来源：相关年度《中国统计年鉴》和《广东统计年鉴》。

等现实问题依旧存在，同时珠三角地区与粤东西北地区高等教育资源分配失衡现象也削弱了高等教育整体发展水平。

尽管近年来广东省高等教育投入力度不断加大，全省普通高等教育经费总投入从2015年的561.06亿元增长到2019年的970.33亿元，年均增长率达到14.68%。但是，作为经济总量稳居全国第一达30余年的经济强省，教育经费投入水平与其经济发展水平还是存在一定程度的不协调。以全国教育经费统计指标“普通高等学校生均一般公共预算教育事业费”数据为例，广东省近五年（2014～2019年）平均水平与排名前两位的北京、上海的差距较大，领先于经济体量差不多的江苏、浙江以及全国平均水平，虽然有一定优势，但这优势也是近两年（2018～2019年）加大投入力度的结果（见表4－5）。

表4－5 2014～2019年生均一般公共预算教育事业费（普通高等学校） 单位：元

地区	2014年	2015年	2016年	2017年	2018年	2019年	均值
北京	58548.41	61343.96	55687.68	66596.76	63273.24	68139.62	62264.95
上海	27111.70	30081.89	30292.80	41251.62	42004.41	39702.78	35074.20
广东	14361.68	17823.43	20398.26	26726.34	29901.32	36290.78	24250.30
天津	18667.98	20415.31	19581.45	21585.55	21633.86	21663.78	20591.32
江苏	15728.38	17764.50	19057.20	20990.48	20955.70	21101.90	19266.36
浙江	14868.84	16515.92	18289.20	20666.91	22556.09	26126.51	19837.25
全国	16102.72	18143.57	18747.65	21471.03	22245.81	23453.39	20027.36

资料来源：2014～2019年中国教育经费执行统计公告（教育部官网）。

4.4.3 高等教育支撑欠发达地区内生驱动发展的效应不足

高等教育机构通过人才培养、科技创新、社会服务等功能推动当地社会发展和经济建设，同时也通过人力资本结构优化和创新生态系统建设提升区域内生驱动发展能力。但是，欠发达地区高等教育与区域经济协调发展的良性循环机制和长效机制并未有效建立，上述效应在欠发达地区亟待提升。从2018 年广东省高校毕业生就业去向数据来看（见图 4 –5），2018 年高校毕业生就业人员总量为 47. 29 万人（不含境外就业），82. 65% 的毕业生选择经济发达的珠三角地区就业，仅有 11. 72% 选择粤东西北地区就业，5. 63% 选择广东省外的其他国内地区就业。而对于粤东西北地区非市属高校来说，就算是生源地毕业生，留在当地就业的比例也不高。这种人力资源的单向流动现象，制约了欠发达地区的内生增长动力（李芸等，2018）。上述现象的产生，源于高等教育的外部性特征，这种外部性的负面影响在欠发达地区更为明显。这也在一定程度上解释了欠发达地方政府由于财力受限因素以及高等教育经济社会效益时效性等因素对高等教育重视程度和投入力度不足的现象（相对于高等教育投资作用于区域社会经济效应的长期性，物质资本投入（如基础设施建设等）更能快速地给当地带来短期经济利益及政绩）。

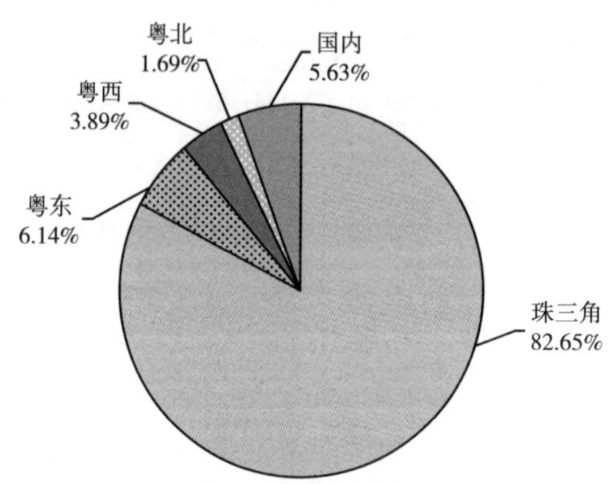

图 4 –5　2018 年广东省高校毕业生就业去向

资料来源：广东省教育厅《2018 年广东省高校毕业生就业质量年度报告》。

改革开放 40 余年来，广东省的非均衡发展模式取得突出成效，珠三角发达地区带动了粤东西北地区以及全省的发展，同时也在新发展阶段面临着比其他省份更为明显的区域发展不平衡不充分的突出问题，成为高质量发展和可持续发展的重大挑战。区域间的差距并没能够通过市场化的趋同机制得到有效的自我修正，一定程度上导致区域社会经济领域、创新领域以及高等教育领域的“马太效应”（胡亚荣等，2017；何健文等，2019）。上述非均衡发展模式下的区域差异化程度以及“马太效应”，加大了收入差距和不平等程度，进而抑制了高等教育对于区域社会经济协调发展的作用（张虎等，2015）。同时，非均衡增长模式下导致的地区经济发展差异，也影响了高等教育机构在区域创新系统和社会经济系统的嵌入性和融合度，尤其是在欠发达地区校企合作深度、校地合作力度等方面。例如，粤东西北欠发达地区具有一定实力的高校基于利益驱动倾向于选择珠三角地区发展较好的企业合作，而这些地区发展较好的企业却又倾向于选择珠三角以及国内外实力强的高校合作。另外，由于行政隶属体制问题，欠发达地区省属高校与当地政府的合作也不够密切，尽管“省市共建计划”的出台一定程度上有助于缓解这种现象，但政策执行过程还是存在偏差，有待进一步完善。

第5章　高等教育与区域经济高质量发展的协同效应分析

5.1　粤浙苏三省高等教育发展现状比较

5.1.1　高等教育规模比较

从2010～2019年广东、江苏和浙江三省高等教育发展规模来看（见表5－1）：广东省高等教育在校生总数自2014年起超过江苏，排名第一，但由于广东省常住人口基数大，高等教育毛入学率近十年均落后于江苏、浙江两省且差距较大，同时与全国平均水平也有较大差距；江苏、浙江两省高等教育毛入学率全国领先，且均高于全国平均水平10个百分点或以上；三省在每年研究生毕业生绝对数量规模上排名依次为江苏、广东和浙江，在近十年年均增长率排名上依次为浙江、广东和江苏（分别为7.21%、6.24%和5.94%）；由于广东省毛入学率与全国平均水平存在较大差距，因此高校在校生整体规模的增长速度相对快于江苏和浙江两省（近十年广东、江苏、浙江三省在校生年均增长率分别为4.28%、1.82%和2.52%），由此使得专任教师数量的增速也相应快于江浙两省。从高校数量上来看，广东、江苏和浙江三省从2010年的131所、124所和80所分别增加到2019年的154所、167所和109所，其中江苏省近三年建设速度提升并超过广东，排名全国第一。

表5-1　　粤苏浙三省2010~2019年高等教育发展情况

指标	地区	2010年	2011年	2012年	2013年	2014年	2015年	2016年	2017年	2018年	2019年	年均增长
高等教育毛入学率（%）	广东	28.00	30.50	31.90	33.00	31.88	33.00	35.10	38.71	42.40	46.00	N/A
	江苏	42.00	45.00	47.10	48.60	51.00	52.30	54.70	56.70	58.30	60.20	N/A
	浙江	45.00	47.00	49.50	51.70	54.00	56.00	57.00	58.20	60.10	61.30	N/A
	全国	26.50	26.90	30.00	34.50	37.50	40.00	42.70	45.70	48.10	51.60	N/A
高校数量（所）	广东	131	134	137	138	141	143	149	151	153	154	N/A
	江苏	124	126	128	131	134	137	141	142	167	167	N/A
	浙江	80	104	105	106	108	108	108	108	109	109	N/A
高等教育在校生数量（万人）	广东	149.75	160.33	169.66	179.34	188.05	194.55	198.55	202.84	207.77	218.32	4.28%
	江苏	177.49	179.38	181.07	183.04	184.93	187.13	190.74	194.46	200.08	208.86	1.82%
	浙江	93.30	95.90	98.70	101.70	103.90	105.50	106.30	107.70	110.20	116.70	2.52%
高校研究生毕业数量（万人）	广东	1.74	2.01	2.28	2.39	2.55	2.61	2.71	2.71	2.88	3.01	6.24%
	江苏	2.99	3.34	3.84	4.03	4.17	4.28	4.37	4.58	4.74	5.03	5.94%
	浙江	1.12	1.30	1.51	1.56	1.65	1.71	1.78	1.87	2.07	2.09	7.21%
生均财政预算教育事业费（万元）	广东	1.12	1.18	1.32	1.42	1.44	1.78	2.04	2.41	2.99	3.63	13.95%
	江苏	1.01	1.20	1.48	1.48	1.57	1.78	1.91	2.03	2.10	2.11	8.54%
	浙江	1.05	1.20	1.29	1.38	1.49	1.65	1.83	2.01	2.26	2.61	10.65%

注："每万人"按常住人口统计口径。

资料来源：根据相关统计年鉴数据整理。

5.1.2 高等教育结构比较

整体来看，2010~2019年，广东省高等教育结构与江苏、浙江两省（尤其是与江苏省）存在较大的差距（见表5-2），其中："每万人口在校大学生数"三省十年均值分别为171.57人、235.30人和186.32人；"在校研究生比重"三省十年均值分别为4.92%、8.43%和6.32%（广东省与江苏省的差距为3.51个百分点)。从三省"在校研究生比重"近十年(2010~2019年)变化趋势来看(见图5-1):2016年之前,相对苏浙两省,广东增长缓慢;2016年后,三省增长趋势较为一致,差距保持也较为稳定。从三省"每万人口在校大学生数"近十年(2010~2019年)变化趋势来看(见图5-2):广东与浙江的差距在缩小,但仍落后于浙江和江苏,尤其是江苏(十年均值水平,广东省仅为江苏省的72.92%)。

表5-2　　粤苏浙三省2010~2019年高等教育结构情况

指标	地区	2010年	2011年	2012年	2013年	2014年	2015年	2016年	2017年	2018年	2019年	均值
在校研究生比重(%)	广东	4.73	4.74	4.70	4.66	4.59	4.58	4.66	5.06	5.51	5.92	4.92
	江苏	7.07	7.49	7.70	7.97	8.15	8.32	8.47	9.09	9.73	10.27	8.43
	浙江	5.14	5.41	5.51	5.68	5.82	6.02	6.32	6.91	7.49	7.91	6.22
每万人口在校大学生数(人)	广东	143.57	152.62	160.15	168.49	175.36	179.33	180.51	182.74	183.12	189.84	171.57
	江苏	209.60	227.10	228.60	232.70	232.30	234.80	238.40	242.20	248.50	258.80	235.30
	浙江	171.28	175.60	180.15	185.05	188.59	190.41	190.23	190.34	192.09	199.50	186.32

注:"每万人"按常住人口统计口径。

资料来源:根据相关统计年鉴数据整理。

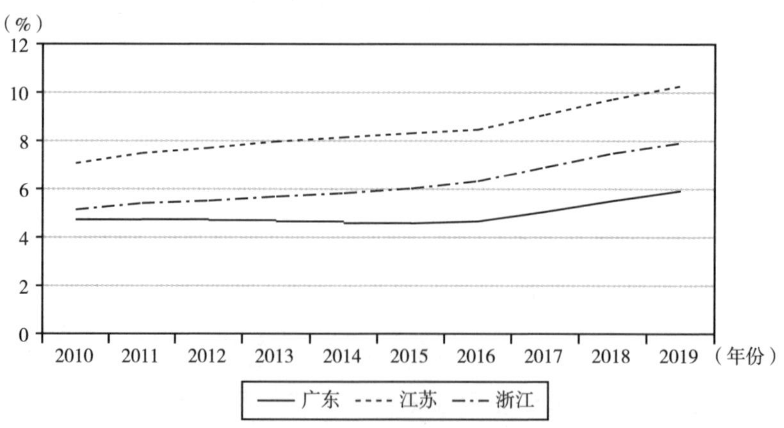

图5-1　2010~2019年粤苏浙三省高校在校研究生比重变化趋势

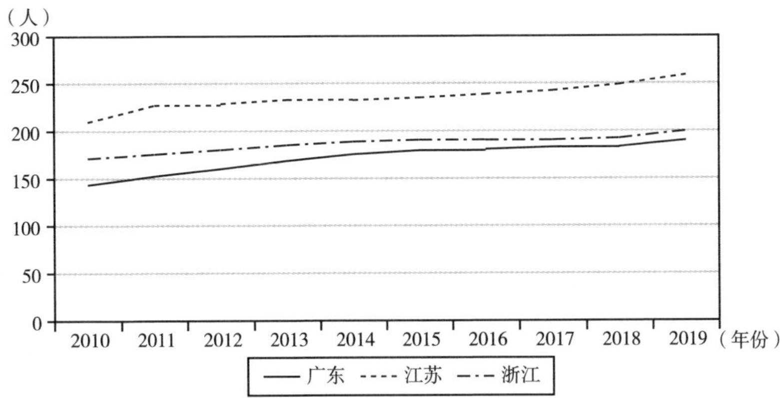

图5-2　2010~2019年粤苏浙三省每万人口在校大学生数变化趋势

5.1.3　高等教育投入比较

2010~2019年来，广东、江苏、浙江三省高等教育投入不断增加，“生均财政预算教育事业费”分别从2010年的11200元、10089元和10508元增长到2019年的36291元、21102元和26127元，年均增长率分别为13.95%、8.54%和10.65%（见表5-1）。从“生均财政预算教育事业费”近十年增长趋势来看（见图5-3），2016年之前三省差距较小，2016年后出现分化，

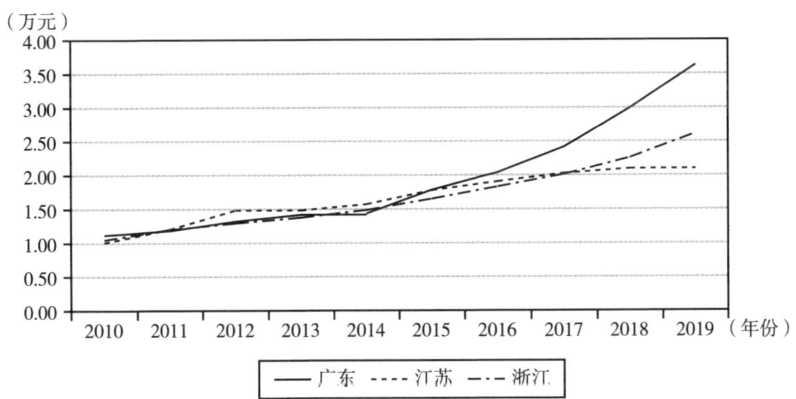

图5-3　2010~2019年粤苏浙三省普通高校生均财政预算教育事业费变化趋势

广东增长迅速，江苏、浙江两省增长相对缓慢（其中浙江省于2017年后超过浙江，但与广东还是有较大差距）。

5.1.4 学科专业建设成效及质量比较

从高等教育学科专业建设成效及质量来看（见表5-3），三个省份中江苏省的学科专业建设成效及质量显著，遥遥领先于广东和浙江，多个指标在全国排名前列，如入选国家“双一流”建设高校总数居全国第二（其中入选省属高校数量全国第一），入选国家“一流学科”数位居全国第三，进入ESI排名前1%的高校数和学科数分别位列全国第一和第二，进入ESI排名前1‰的高校数和学科数均位列全国第二，入选国家一流本科课程数及高校数均位列全国第二。根据表5-3的数据显示，广东省与浙江省在高质量学科专业建设数量上的差别不是十分明显，部分指标各有微弱优势。整体来说，“十三五”以来，广东省高等教育综合实力提升显著（如ESI排名前1%的学科数位居全国第四，高校数与上海并列第四，入榜学科领域数与上海并列全国第二；全省共有59所高校的专业入选“国一流”435个、“省一流”420个，本科高校覆盖率达89.39%）。

表5-3 粤苏浙三省学科专业建设情况（截至2020年）

地区	国家“双一流”建设学校数	国家“双一流”建设学科数	ESI前1%高校数	ESI前1%学科数	ESI前1‰学科数	国家一流本科专业	国家一流本科课程
广东	5	18	18	105	8	435	197
江苏	15	43	30	165	20	660	351
浙江	3	20	17	75	10	376	169

资料来源：根据教育部及各省教育部门官网相关资料整理。

5.1.5 高等教育发展比较的经验及启示

综合三省的高等教育发展情况来看，江苏省作为高等教育强省，在发展质量和成效上都十分突出，也积累了丰富的发展经验，尤其是在高等教育学科专业建设以及科技创新及社会服务两大方面。

在学科专业建设方面，“十三五”期间，江苏省以“双一流”和高水平大学建设为引领，持续实施优势学科建设工程、特聘教授计划、协同创新计划、品牌专业建设工程“四大专项”，高等教育内涵建设和质量提升成效显著：一是“一流学科专业”建设成效突出，国家“双一流”建设高校数及学科数、“国一流”本科专业数和课程数、ESI 排名前 1% 高校数及学科数等多项指标排名全国第一或名列前茅；二是“一流教学成果”产出质量和总量突出，在近两届高等教育国家教学成果奖评选中全省高校获奖总数和质量位居全国首位（在 2018 年评选中，江苏获奖 55 项，占全国获奖数的 12.2%，其中一等奖 10 项，占全国的 20%），在近三届中国研究生教育成果奖中江苏高校获得一等奖的数量占 21.4%，遥遥领先于其他省份。

在科技创新和社会服务方面，“十三五”期间，江苏省加强高校科技创新能力建设为推动区域高质量发展和构建新发展格局提供了强有力的支撑：一是打造高校“国家级—省级—校级”三级协同创新体系，有力地积蓄了高水平科技创新能力，国家“2011 协同创新中心”5 个，位居全国第二；教育部认定的省部共建协同创新中心 10 个，位居全国第一；省级高校协同创新中心 76 个、校级协同创新中心 270 多个。二是打造高规格科技创新平台，全省高校建有各类科研基地平台 7738 个（其中国家级重点实验室（工程中心）69 个、省部级重点实验室（工程中心）1175 个）；国家大学科技园 15 家，位居全国第一；首批国家知识产权试点示范高校 16 所，位居全国第一；高校国家知识产权信息服务中心 7 个，位居全国第二。三是致力于产出高价值科技创新成果，“十三五”以来全省高校获国家科学技术奖通用项目 108 项，位居全国第二（其中，获科学技术进步奖特等奖 3 项、一等奖 5 项）；全省高校获国家社科基金年度项目 363 项，位列全国第一；获教育部人文社科优秀成果奖 141 项，位列全国第三。四是致力于科技成果转化和社会服务，全省高校获批教育部高校科技成果转化和技术转移基地 10 个（位居全国第一）；与地方政府、园区、企业共建立各类产学研联合体 5996 个；共参与承担省重大科技成果转化专项资金项目 276 项，占全省总数的 44.7%；全省高校共转让专利 9096 件，位居全国第一；22 所高校进入中国高校专利转让百强榜。①

5.2 粤浙苏三省区域创新现状比较

5.2.1 区域创新能力现状比较

根据科技部中国科技发展战略研究小组及中国科学院大学中国创新创业管理研究中心编制的《2020 中国区域创新能力评价报告》显示：区域创新能力（综合效用值）排名前五位的分别是广东、北京、江苏、上海和浙江。至 2017 年首次超越江苏以来，广东实现连续四年全国领跑。江苏省 2009 ~ 2016 年保持排名第一的位置于 2017 年被广东省超越，近年来稳定地保持在前 3 名，浙江省则近十余年来较为稳定地保持在第五名。

5.2.2 区域创新能力综合趋势分析

2010 ~ 2019 年《中国区域创新能力评价报告》显示的三省区域创新能力变化趋势及原因，一定程度上可以从以下技术创新投入和产出的代表性指标

---

① 资料来源：江苏省教育厅．江苏高校发挥人才科技优势服务地方高质量发展［EB/OL］. http：//jyt. jiangsu. gov. cn/art/2021/2/4/art_64084_37. html.

相关数据以及增长趋势得到解释（见表5-4）。例如，在R&D经费投入、专利授权量、每万人拥有专利授权量这三项指标上，广东省近十年的年均增长率分别达到17.95%、16.10%和16.66%，不同程度地领先于江苏（9.55%、14.85%和9.24%）和浙江（10.66%、14.48%和9.79%）。

表5-4　粤苏浙三省2010～2019年技术创新相关指标比较

指标	地区	2010年	2011年	2012年	2013年	2014年	2015年	2016年	2017年	2018年	2019年	年均增长
研发投入强度（%）	广东	1.76	1.96	2.16	2.31	2.37	2.47	2.56	2.61	2.78	2.88	N/A
	江苏	2.10	2.20	2.33	2.45	2.50	2.53	2.62	2.63	2.69	2.79	N/A
	浙江	1.80	1.92	2.10	2.19	2.27	2.32	2.39	2.42	2.49	2.68	N/A
每万人拥有专利授权量（件）	广东	11.44	12.22	14.50	16.01	16.78	22.23	23.55	29.97	42.14	45.78	16.66%
	江苏	17.59	25.30	34.08	30.19	25.13	31.38	28.88	28.30	38.13	38.96	9.24%
	浙江	21.05	23.83	34.40	36.80	34.23	42.42	39.62	37.79	49.61	48.77	9.79%
R&D经费投入（亿元）	广东	809	1045	1236	1443	1605	1798	2035	2344	2705	3098	1795%
	江苏	746	940	1129	1306	1471	1656	1848	2075	2323	2596	955%
	浙江	494	613	723	817	908	1011	1131	1266	1446	1670	1066%
专利授权量（万件）	广东	11.93	12.84	15.36	17.04	18.00	24.12	25.90	33.26	47.81	52.74	16.10%
	江苏	13.84	19.98	26.99	23.96	20.00	25.03	23.10	22.72	30.70	31.44	14.85%
	浙江	11.46	13.02	18.84	20.24	18.85	23.50	22.15	21.38	28.46	28.53	14.48%

注：“每万人”按常住人口统计口径。
资料来源：根据相关统计年鉴数据整理。

5.2.3 区域创新投入指标变化趋势

从广东、江苏和浙江三省2010～2019年“研发投入力度（R&D经费投入）”这一指标变化趋势来看，从2010年开始广东整体投入加大超过江苏省，并与浙江省的差距拉大（见图5-4）。从R&D经费投入规模年均增长率来看，2010～2019年保持17.95%的水平，分别领先江苏、浙江8.4和7.29个百分点。

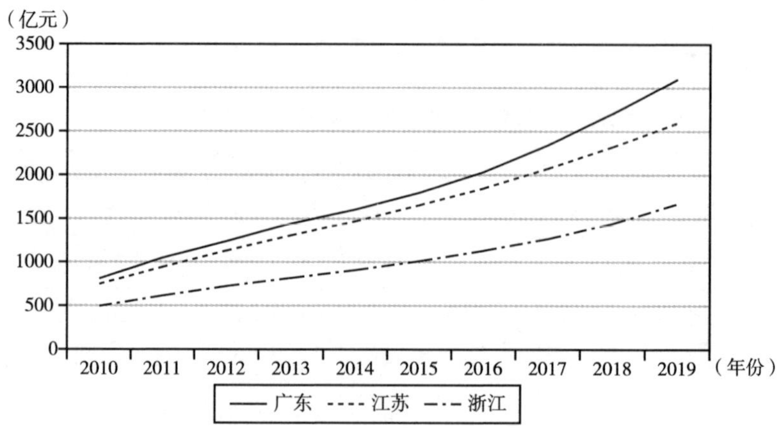

图5-4　2010～2019年粤苏浙三省R&D经费投入规模趋势比较

从广东、江苏和浙江三省2010～2019年“研发投入强度（R&D经费/GDP)”这一指标变化趋势来看，2010～2011年广东省与浙江省基本保持一致，与江苏省差距较大，但随后广东省逐渐超越浙江省，并于2017年超越江苏省（见图5-5)。

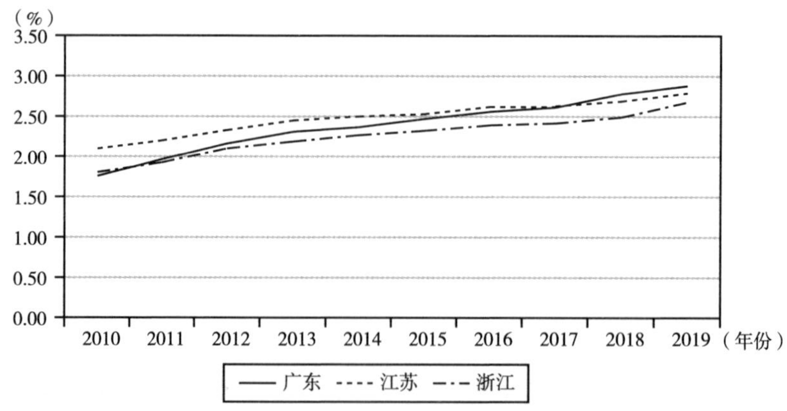

图5-5　粤苏浙三省2010～2019年研发投入强度趋势比较

5.2.4　区域创新产出指标变化趋势分析

从广东、江苏和浙江三省 2010～2019 年“专利授权总量”这一指标变化趋势来看：十年间广东省增长迅速，并于 2015 年开始遥遥领先于江苏、浙江两省；江苏、浙江两省自 2014 年起开始保持相当水平，差距不是十分明显（见图 5－6）。

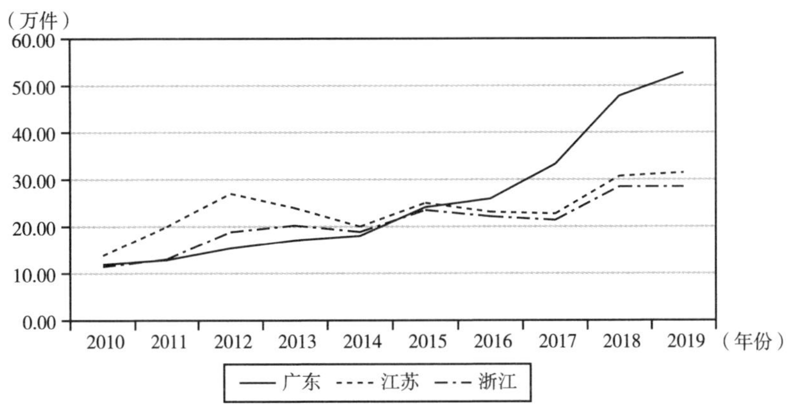

图 5－6　粤苏浙三省 2010～2019 年专利授权量趋势比较

从广东、江苏和浙江三省 2010～2019 年“每万人拥有专利授权量”这一指标变化趋势来看：2010～2012 年江苏与浙江相当，但随后浙江超过江苏；广东 2010～2016 年落后于江浙两省，2017 年开始超过江苏并逐渐缩小与浙江的差距（见图 5－7）。

从广东、江苏和浙江三省 2010～2019 年“规上工业企业新产品销售收入”这一指标变化趋势来看：2010～2016 年江苏省领先于广东与浙江两省，但随后增长放缓并被广东超越；广东省 2015 年开始增长迅速，在 2016 年超越江苏省后保持强劲增长势头；广东、江苏浙江三省“规上工业企业新产品销售收入”2010～2019 年年均增长率分别为 16.52%、9.78% 和 13.50%（见图 5－8）。

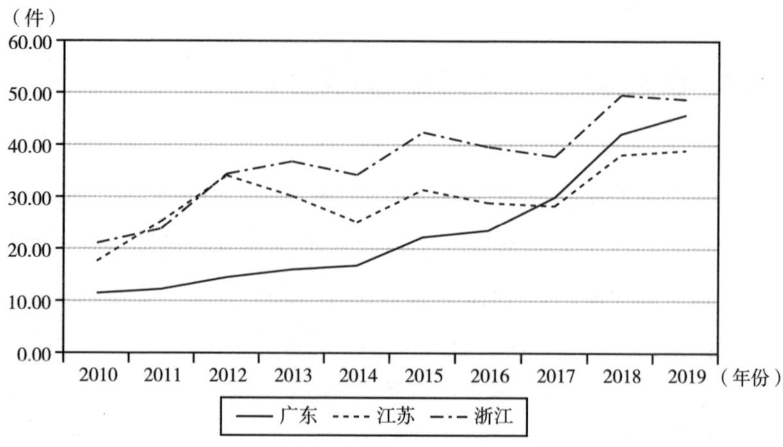

图 5-7 粤苏浙三省 2010~2019 年每万人拥有专利授权量趋势比较

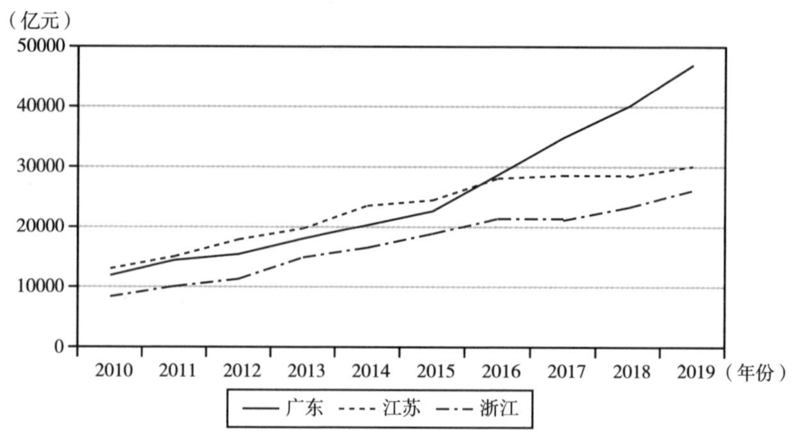

图 5-8 粤苏浙三省 2010~2019 年规上工业企业新产品销售收入变化趋势

从广东、江苏和浙江三省 2012~2019 年“高新技术产业产值”这一指标变化趋势来看：整体来说，广东、江苏两省的差距不是十分明显，且 2017 年之前江苏领先于广东省，2017 年之后广东省超越江苏；浙江与上述两省的差距较大（见图 5-9）。广东、江苏、浙江三省“高新技术产业产值”八年中年均增长率分别为 7.95%、5.36%和 6.68%。

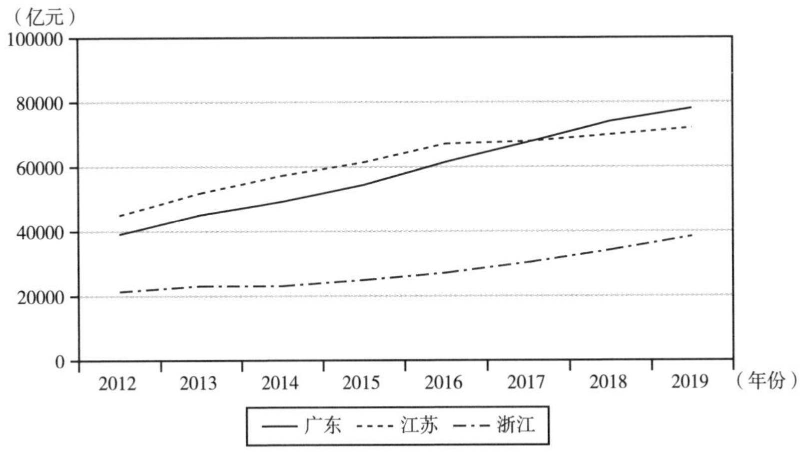

图5-9 2012~2019年粤苏浙三省高新技术产业产值变化趋势

5.3 粤浙苏三省经济发展质量部分指标比较

5.3.1 经济发展综合效益比较

整体来说，从广东、江苏和浙江三省2010~2019年“GDP”这一经济总量指标变化趋势来看（见表5-5、图5-10），广东、江苏两省的差距不是十分明显，浙江与前二者差距较大。从三省十年间GDP总量年均增速来看，三者区别不大，分别为9.90%、9.92%和9.57%。但是，从“人均GDP”这一质量指标来看（见图5-11），三省排名分别为江苏、浙江和广东（2019年广东省人均GDP为江苏省的71.69%）。从十年来“人均GDP”年均增速来看，广东、江苏和浙江三省分别为8.79%、9.92%和8.63%，江苏省领先优势明显。从“单位土地面积GDP产出”来看（见图5-12），江苏最高，广东与浙江基本相当，2019年广东和浙江均为江苏的2/3左右。

表 5－5　　　　2010～2019 年粤浙苏三省部分经济指标比较

指标	地区	2010年	2011年	2012年	2013年	2014年	2015年	2016年	2017年	2018年	2019年	年均增长
GDP 总量（万亿）	广东	4.60	5.32	5.71	6.25	6.78	7.28	7.95	8.97	9.73	10.77	9.90%
	江苏	4.14	4.88	5.37	5.96	6.48	7.13	7.73	8.59	9.32	9.69	9.92%
	浙江	2.74	3.19	3.44	3.73	4.00	4.35	4.73	5.24	5.80	6.24	9.57%
人均 GDP（万元）	广东	4.41	5.07	5.39	5.87	6.32	6.71	7.23	8.08	8.57	9.42	8.79%
	江苏	5.28	6.19	6.79	7.48	8.16	8.94	9.68	10.72	11.59	12.36	9.92%
	浙江	5.11	5.84	6.29	6.80	7.27	7.88	8.49	9.32	10.18	10.76	8.63%
单位土地面积 GDP 产出（亿元/平方公里）	广东	0.26	0.30	0.32	0.35	0.38	0.41	0.44	0.50	0.54	0.60	9.88%
	江苏	0.40	0.48	0.52	0.58	0.60	0.66	0.72	0.84	0.91	0.90	9.38%
	浙江	0.27	0.31	0.34	0.37	0.39	0.43	0.46	0.51	0.57	0.61	9.57%

资料来源：根据各省统计年鉴及教育部教育经费统计公报等整理。

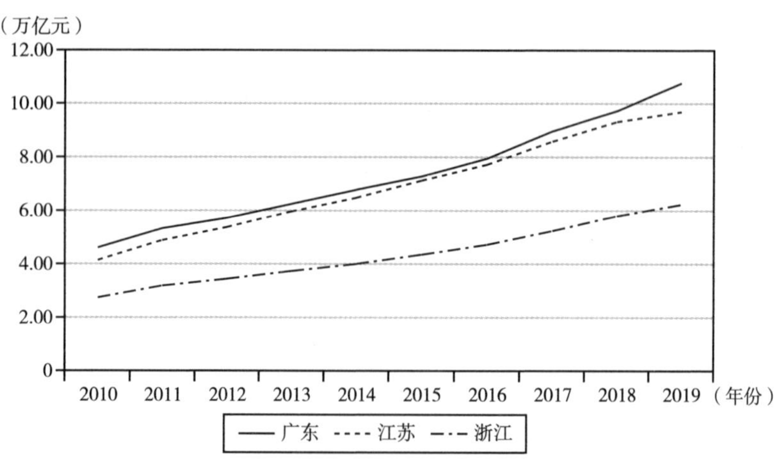

图 5－10　2010～2019 年粤苏浙三省 GDP 变化趋势

另外，从 2010～2019 年“人均 GDP”和“单位土地面积 GDP 产出”这两项指标的发展变化来看（见图 5－11 和图 5－12），广东省与浙江省的差距存在扩大的趋势。以上数据及趋势，反映了尽管广东省经济总量 30 余年全国排名第一，但由于区域经济发展不平衡以及流动人口基数大，使得人均 GDP 水平落后于苏浙两省，长期面临着发展不平衡不充分的问题成为广东省的突出省情。

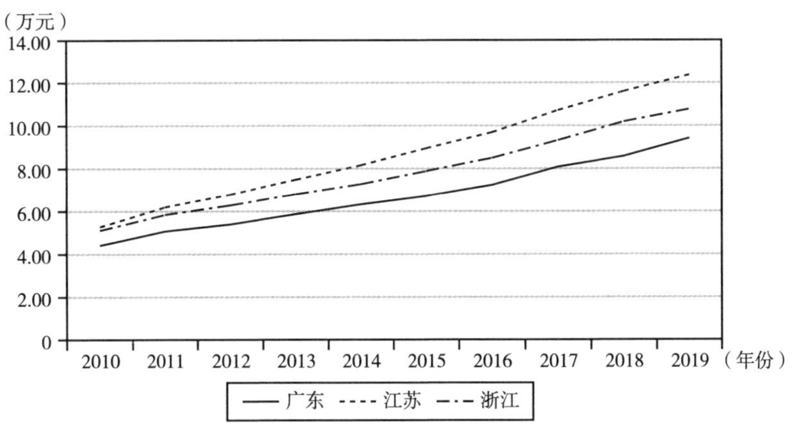

图 5－11 2010～2019 年粤苏浙三省人均 GDP 变化趋势

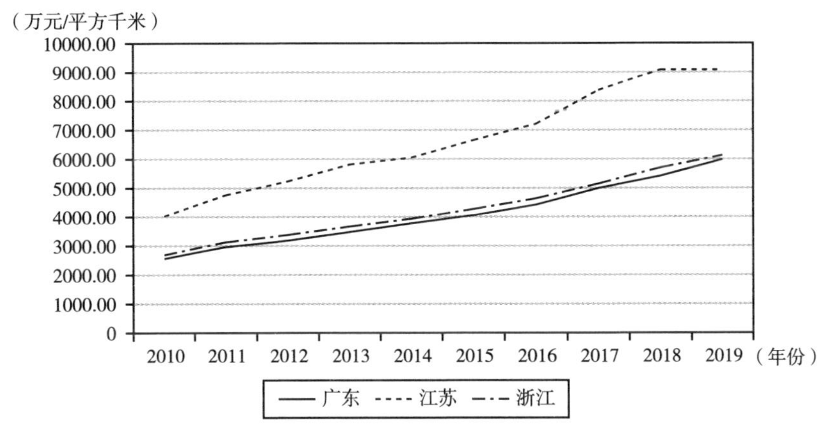

图 5－12 2010～2019 年粤苏浙三省单位土地面积 GDP 产出变化趋势

5.3.2 经济发展共享效益比较

经济发展共享效益主要反映在居民收入提升和生活水平改善的条件下能

够享受更多的教育、医疗、卫生等资源。从经济发展质量的共享性角度来说，广东与江苏、浙江两省存在一定的差距。从“居民人均可支配收入”这一指标来看，2019 年广东、江苏、浙江三省数据分别为 3.90 万元、4.14 万元和 4.99 万元（广东为浙江的 78.16%），同时三省 2010 ~2019 年十年来年均增速基本一致，这意味着三省的差距基本保持一致（见表 5 -6）。从“常住人口每万人拥有卫生机构数”这一指标来看，三省排名分别为浙江、广东和江苏（十年来均值分别为 5.60 所、4.47 所和 4.02 所），且三省差距趋势基本保持一致（见图 5 -13）。

表 5 -6　　2010 ~2019 年粤浙苏三省部分经济指标比较

指标	地区	2010 年	2011 年	2012 年	2013 年	2014 年	2015 年	2016 年	2017 年	2018 年	2019 年	年均增长
居民人均可支配收入（万元）	广东	N/A	N/A	N/A	N/A	2.57	2.79	3.03	3.30	3.58	3.90	4.75%
	江苏	N/A	N/A	N/A	N/A	2.72	2.95	3.21	3.50	3.81	4.14	4.79%
	浙江	N/A	N/A	N/A	N/A	3.27	3.55	3.85	4.20	4.58	4.99	4.82%
常住人口每万人拥有卫生机构数（所）	广东	4.30	4.37	4.39	4.50	4.48	4.46	4.47	4.50	4.54	4.69	0.96%
	江苏	3.93	4.01	3.92	3.91	4.02	4.00	4.02	3.99	4.13	4.31	1.02%
	浙江	5.18	5.59	5.53	5.47	5.51	5.62	5.64	5.65	5.95	5.83	1.34%
常住人口人均财政教育经费支出（千元）	广东	0.99	1.11	1.34	1.52	1.66	1.88	2.04	2.27	2.47	2.80	12.22%
	江苏	1.12	1.30	1.60	1.72	1.87	2.19	2.30	2.47	2.53	2.73	10.44%
	浙江	1.17	1.33	1.54	1.67	1.85	2.20	2.35	2.50	2.73	3.01	11.01%

资料来源：根据各省统计年鉴及教育部教育经费统计公报等整理。

从三省“常住人口人均财政教育经费支出”这一指标来看（见图 5 -14），2017 年之前江苏和浙江两省水平基本相当且相对领先于广东省。2016 年后，广东省围绕“创新强校”工程以及“双一流”建设规划，财政投入力度不断加大，因此，“常住人口人均财政教育经费支出”这一指标的增速略有提升。而江苏省投入力度相对放缓，于 2019 年被广东省反超。

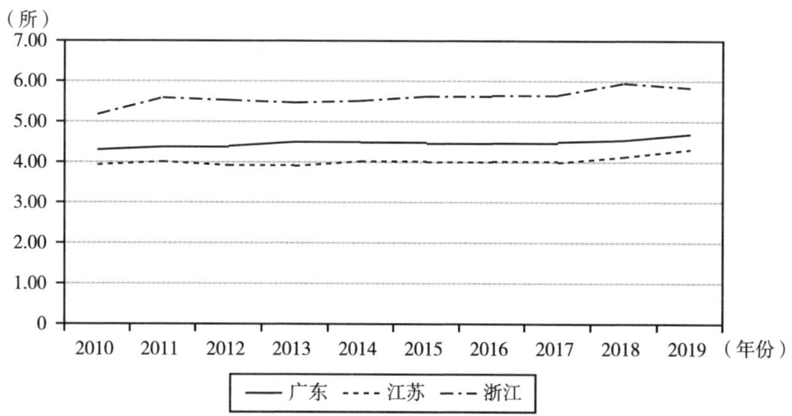

图5-13　2010~2019年粤苏浙三省常住人口每万人拥有卫生机构数变化趋势

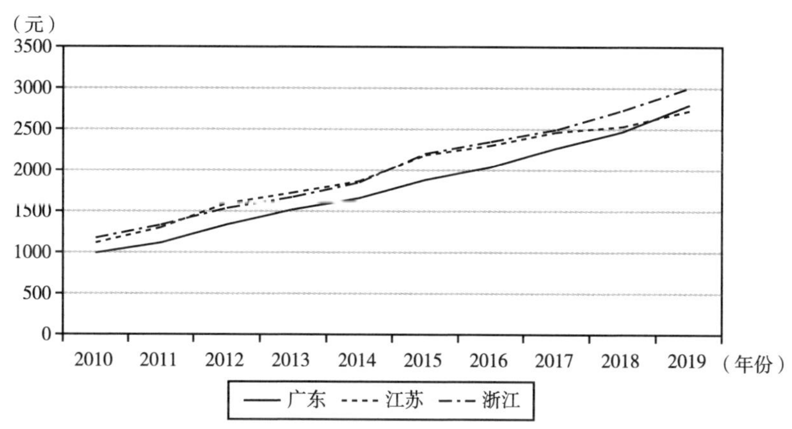

图5-14　2010~2019年粤苏浙三省常住人口人均财政教育经费支出变化趋势

5.3.3　经济发展结构质量比较

2019年，广东省三次产业结构比重为4.0：40.5：55.5。其中，以新产业、新业态、新模式为主要特征的新经济增加值为27232.81亿元，占地区生产总值的25.3%；民营经济增加值占GDP的比重为54.6%；不同口径统计的高技术制造业增加值、先进制造业增加值、装备制造业增加值占规模以上工业增加值的比重分别为32.0%、56.3%和46.0%。2019年，江苏省三次产业结构比重为4.3∶44.4∶51.3。其中，全年非公有制经济实现增加值占GDP的比重达74.4%，民营经济增加值占GDP的比重达55.9%；高新技术产业产值、战略性新兴产业产值占规上工业总产值的比重分别为44.4%、32.8%；高技术产业增加值、装备制造业增加值对规上工业增加值增长的贡献率分别达到23.8%、46.5%。2019年，浙江省三次产业结构比重为3.4∶43.6∶53.0。其中，以新产业、新业态、新模式为主要特征的“三新”经济增加值占GDP的比重为25.7%；不同口径统计的高新技术产业（含高技术产业）增加值、装备制造业增加值、战略性新兴产业增加值、数字经济核心产业制造业增加值、高端装备制造业增加值占规模以上工业增加值的比重分别为68.45%、40.92%、31.09%、12.84%、23.53%。

5.3.4 经济发展绿色效益比较

经济发展绿色效益主要包括能源消耗（利用率）、生态环境改善等方面，在此仅从能源利用效果角度对三省绿色发展效应进行大致考查。从“每万吨标准煤GDP产出”和“每亿千瓦时电量GDP产出”的2010~2019年年均增速和平均水平来看（见表5-7）：两个指标年均增速三省排名均为江苏、广东和浙江，一定程度上说明江苏能源利用效率提升速度相对好于其他两省；两个指标平均水平三省排名依次均为广东、江苏和浙江，一定程度上说明广东省能源利用效果相对好于其他两省。同时，从表5-7以及图5-15、图5-16来看，浙江省与广东、江苏两省相比，能源利用效率还是存在一定差距。

表 5-7 2010~2019 年粤浙苏三省能源利用效果指标比较

指标	地区	2010年	2011年	2012年	2013年	2014年	2015年	2016年	2017年	2018年	2019年	均值	年均增长
每万吨标准煤 GDP 产出（亿元）	广东	1.81	1.87	2.08	2.19	2.29	2.42	2.55	2.78	2.92	3.15	2.41	6.37%
	江苏	1.61	1.84	1.93	2.04	2.17	2.35	2.48	2.72	2.95	2.98	2.30	7.11%
	浙江	1.62	1.79	1.90	2.00	2.13	2.22	2.33	2.49	2.68	2.78	2.19	6.17%
每亿千瓦时电量 GDP 产出（亿元）	广东	11.34	12.10	12.37	12.93	12.95	13.71	14.17	15.05	15.38	16.08	13.61	3.96%
	江苏	10.72	11.47	11.80	11.94	12.99	13.71	14.18	14.79	15.11	15.90	13.26	4.48%
	浙江	9.71	10.22	10.71	10.81	11.41	12.24	12.20	12.50	12.80	13.25	11.59	3.51%

资料来源：根据各省统计年鉴及教育部教育经费统计公报等整理。

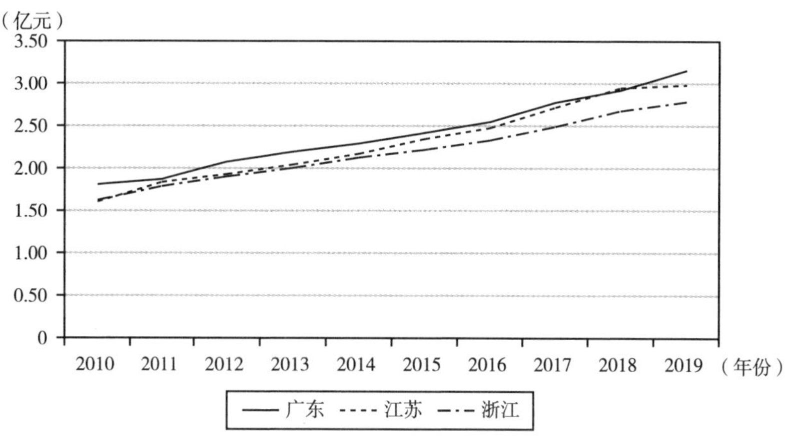

图 5-15 2010~2019 年粤苏浙三省每万吨标准煤 GDP 产出变化趋势

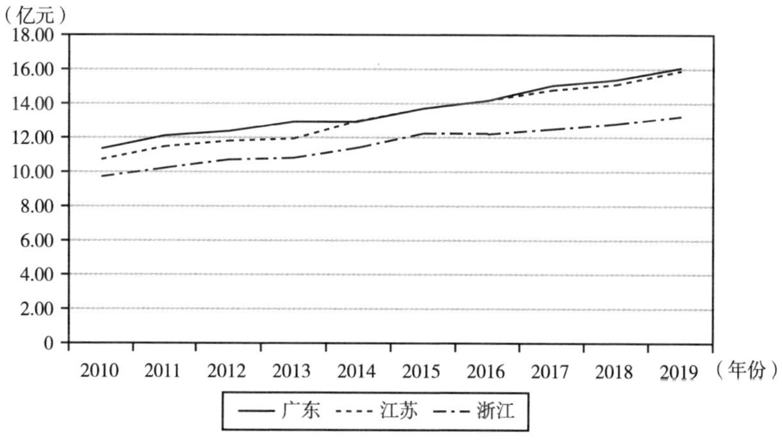

图 5-16 2010~2019 年粤苏浙三省每亿千瓦时电量 GDP 产出变化趋势

5.4 高等教育与区域经济发展质量的协调性比较

5.4.1 模型引入及指标体系构建

前文从高等教育、技术创新和社会经济三个领域分别选择部分代表性指标对广东、江苏和浙江三个省份进行定性比较，三个省份在高等教育发展水平、技术创新能力以及经济发展质量等方面具有各自的优势或特征。在此，借鉴前文第 4 章“4.3 基于耦合协调度模型的实证分析”相关思路，进一步运用耦合协调度模型从系统协调发展视角对三省的高等教育与区域经济发展质量协调性展开进一步比较（在指标选取上，鉴于三省有关区域社会经济统计指标数据口径差异以及数据可获得性和比较一致性原则，对前文指标体系进行个别调整，如删除财政科技投入、专任教师正高职称人数、规模以上工业成本费用利润率等；另外，鉴于个别指标个别年份数据缺失，采用线性插值法进行完善，如居民可支配收入）。

5.4.2 区域经济子系统发展协调性比较

从广东省区域经济内部的高等教育（U_1）、科技创新（U_2）及产业经济（U_3）三个子系统的综合发展水平指数来看，存在明显的阶段性特征，同时相对于江苏浙江两省来说系统之间的耦合协调程度不够高（见图 5 – 17）。“十二五”期间，产业经济子系统主导发展，部分原因在于金融危机后产业经济领域的投资驱动和要素驱动。“十三五”期间，政府创新投入力度加大以及前期创新驱动效应逐渐释放，使创新驱动主导态势凸显。另外，“十三五”期间高等教育领域的发力，也使得高等教育子系统发展水平相对提升较快。

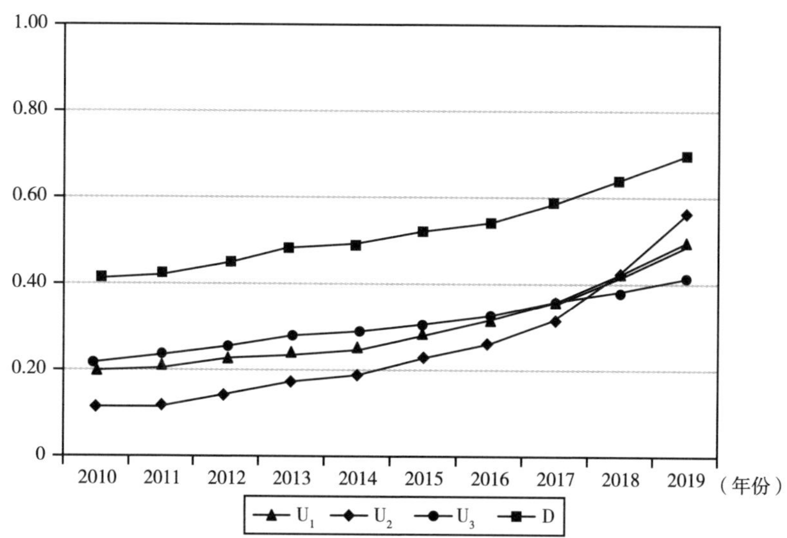

图5－17　2010～2019年广东省高等教育与区域经济发展协调度变化趋势

从江苏省区域经济内部的高等教育、科技创新及产业经济三个子系统的综合发展水平指数来看，三个系统综合发展水平的差异相对较小，阶段性特征不是很明显，近年才出现分化。在2018年之前，高等教育与产业经济子系统协调度较高且领先于科技创新系统，且高等教育发展水平相比产业经济具有一定的微弱优势。2018年后，科技创新系统发展水平提升较快并最终超过其他两个子系统（见图5－18）。

从浙江省区域经济内部的高等教育、科技创新及产业经济三个子系统的综合发展水平指数来看，三个系统综合发展水平的差异在三个省中最小，高等教育与产业经济子系统基本保持较为一致的发展水平和趋势。科技创新发展水平也是近两年提升相对较快并超过其他两个子系统（见图5－19）。

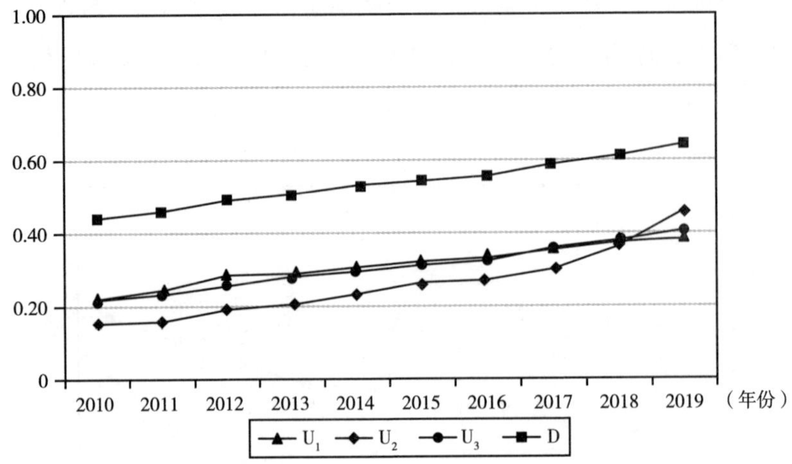

图5-18 2010~2019年江苏省高等教育与区域经济发展协调度变化趋势

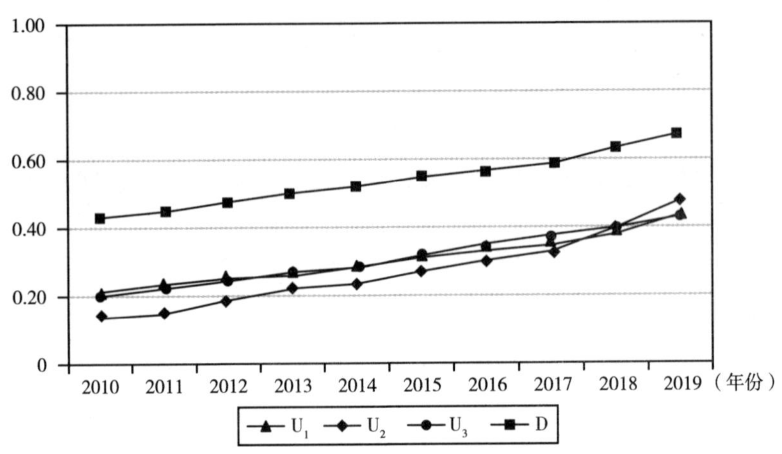

图5-19 2010~2019年浙江省高等教育与区域经济高质量发展协调度变化趋势

5.4.3 高等教育与区域经济发展质量协调性比较

对比粤苏浙三省高等教育（U_1）、科技创新（U_2）与产业经济（U_3）三大子系统的综合发展水平以及十年间均值水平来看（见表5-8及图5-17至

图5-19)，存在以下三个特点：一是从区域社会经济系统内部来说，三个省份高等教育与产业经济子系统发展水平及趋势相对较为接近（十年间均值水平三省的两个系统都较为接近)，三个省份都呈现出“十三五”后期创新驱动效应显著的特征（科技创新系统发展水平提升速度相对快于其他两个子系统)；二是从子系统之间的耦合程度来说，粤苏浙三省十年间均值分别为0.9842、0.9928和0.9946，广东省三个子系统综合发展水平偏离度相对较大，耦合程度与其他两省存在一定差距；三是从系统整体耦合协调度十年间均值水平来说，广东最低，江苏、浙江两省较为接近（三省分别为0.5246、0.5360和0.5381)。

表5-8　2010~2019年粤浙苏三省子系统发展水平及耦合协调度均值

地区	U_1	U_2	U_3	耦合度	耦合协调度
广东	0.2990	0.2541	0.3068	0.9842	0.5246
江苏	0.3115	0.2608	0.3065	0.9928	0.5360
浙江	0.3082	0.2724	0.3075	0.9946	0.5381

综合上述情况分析，结合产业经济评价指标体系高质量发展的内涵，基于高等教育与区域经济发展质量的整体协调性视角，可以将三省2010~2019年发展模式进行大致总结如下：一是江苏、浙江两省各自高等教育与产业经济两个子系统发展水平及趋势极为相似，因此可以概括为“高等教育—产业经济”同步发展型；二是广东省高等教育与产业经济两个子系统发展水平及趋势相对处于一定程度的失调状况，可以归结为非同步发展型(2016年之前高等教育综合发展水平相对落后于产业经济综合发展水平呈现“产业经济主导型”特征，2016年之后呈现一定程度的“高等教育主导型”特征)。

进一步探究广东省高等教育与区域经济协调发展呈现的两个阶段性特征产生的原因或影响因素，可以发现，“十三五”期间广东省高等教育快速发展的主要原因在于，政策环境层面国家高等教育普及化目标（高等教育毛入学率）的政策驱动以及地方政府投入力度加大和均衡发展重视程度提高（如高等教育“粤东西北高校振兴计划”政策的实施）。因此，结合“5.1 粤浙苏三省高等教育发展现状比较”有关三省高等教育规模、结构及质量的相关数据分析，广东省高等教育发展特征在一定程度上也可以概括为“政策驱动型或投入驱动型”，而江苏、浙江两省相对体现为“质量驱动型”的发展特征。

第6章 高等教育与区域经济发展质量协调的困境及成因

6.1 区域社会经济发展的“马太效应”与“倒U型”曲线

6.1.1 区域高等教育公平与效率的“马太效应”

公平与效率是高等教育发展的两大价值目标，在公平与效率两个维度上，它们各自独立却又相互支撑和制约。因此，坚持公平和高效的双重目标、保持协调并重发展是我国高等教育发展的现实选择（张虎，2015）。《国家中长期教育改革和发展规划纲要（2010—2020年）》明确提出“必须把促进公平作为国家基本教育政策”，实现高等教育公平已被国家作为21世纪以来促进社会公平的重要战略选择。因此，自1998年高等教育实施扩招政策以来，高等教育规模快速提升，毛入学率从2000年的12.5%提高到2019年的51.6%，高等教育开始步入普及化阶段（见图6-1）。2020年，全国共有普通高校2738所（其中，本科院校1270所（含本科层次职业学校21所）；高职（专科）院校1468所），各种形式的高等教育在学总规模4183万人，高等教育毛入学率54.4%。①

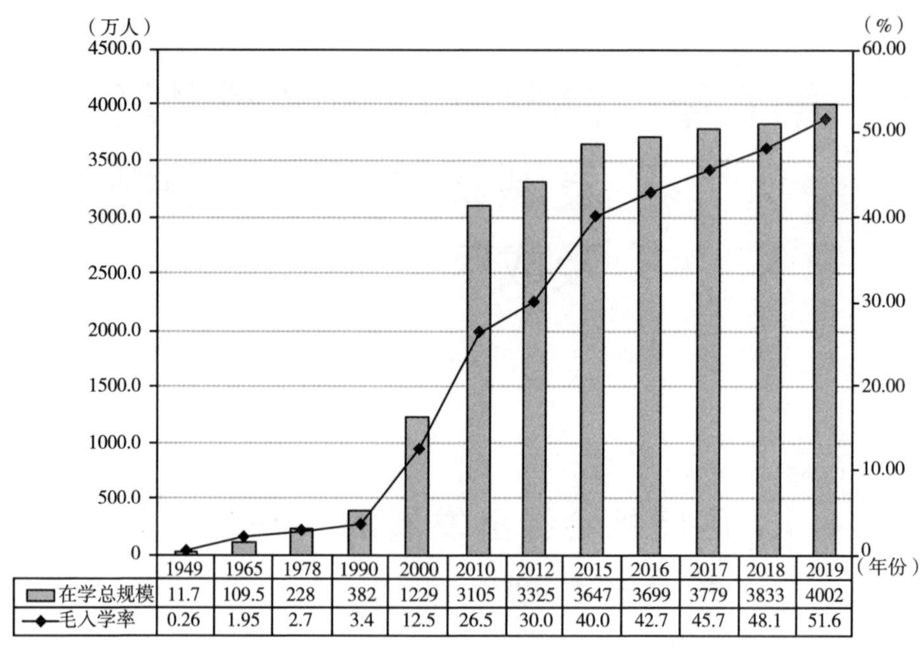

	1949	1965	1978	1990	2000	2010	2012	2015	2016	2017	2018	2019
在学总规模	11.7	109.5	228	382	1229	3105	3325	3647	3699	3779	3833	4002
毛入学率	0.26	1.95	2.7	3.4	12.5	26.5	30.0	40.0	42.7	45.7	48.1	51.6

图6－1　中国高等教育在学规模及毛入学率

资料来源：教育部《2019年全国教育事业发展统计公报》。

从全国层面来说，上述数据表明，从规模角度来说，获得高等教育的总体机会是不断增加的，整体公平性目标也不同程度或范围地得以体现和实现。但是，从高等教育发展的区域结构及质量层面以及新时代高等教育高质量发展的目标来说，当前发展过程的不平衡、不充分问题依旧比较突出，这也是新时代高等教育发展的重要任务。高等教育领域发展的不平衡、不充分问题，突出表现在中西部和东部的区域差距上，无论是之前的“985”和“211”重点建设工程，还是当前的“双一流”建设高校及学科

① 资料来源：教育部《2020年全国教育事业统计主要结果》。

专业分布和建设水平，东部区域具有明显的优势，再加上东部地区经济发达使得人才流动趋向具有得天独厚的优势。正因如此，区域高等教育办学水平差距不仅没有缩小，反而在一定程度上还在扩大，从而加剧了区域高等教育的“马太效应”（陈彬等，2021）。尽管教育部于2017年出台文件《关于坚持正确导向促进高校高层次人才合理有序流动的通知》，明确表示“不鼓励东部高校从中西部、东北地区高校引进人才”，但在东部地区高校“双一流”建设的市场驱动之下“相互竞争”及“互挖人才”现象依旧得不到控制。此外，高等教育效率中也同样存在着“马太效应”——那些初期发展较快并在教学、科研、学科专业建设及人才队伍建设中积累了前期优势的高校，在后续发展中的效率也一直很高（比如生均教育经费投入、上级主管部门专项投入、政府各类科研项目、各类成果获奖数量及质量等），尤其是那些拥有类似“985”“211”符号资本的高校。尽管当前区域高等教育发展的“马太效应”与区域社会经济发展水平本身及适应度有关联而需要客观辩证地看待，但是区域社会经济发展内生动力中重要的人力资本总量及结构质量因素又不得不依赖高等教育发展。某种程度上来说，高等教育区域发展不平衡不充分与区域社会经济发展不平衡不充分存在互为因果的关系，如果不加以重视和妥善纠正，容易陷入非良性循环的发展状况。从整体来说，教育发展不公平、不均衡的延续不仅会导致教育的“马太效应”现象，还可能阻滞社会流动并加大阶层固化的风险，从而对区域社会经济发展造成掣肘（王处辉，2021）。正如有学者通过研究发现高等教育是高学历群体人力资本“马太效应”和低学历群体“人力资本失灵”现象并存的分水岭（在高等教育之前的基础教育各阶段工资、职业、职位普遍滞留在水平低、增速缓慢的境况，而高等教育学历人群的职业地位水平较高且发展速度快），并在一定程度上揭示了中学阶段因为“读书无用论”而导致的辍学问题以及“农二代”分化方向中教育的独特影响力（王水珍等，2017）。

6.1.2 收入分配差距与教育公平差距的“倒U型”曲线

美国经济学家库兹涅茨（Kuznets）通过构建一个包括农业部门和非农业部门的城乡二元结构模型研究城乡人口结构变化对收入差距的影响，由此提出了经济发展（城市化水平）与收入差距之间呈“倒U型”关系的假说（Kuznets，1955）。结合此理论假说，国内学者结合中国发展情况从不同视角进行了考证。在收入分配差距与教育差距的关系方面，有学者基于中国1995~2012年时间序列数据与各省面板数据验证了上述“倒U型”关系（杨森平等，2015），而有学者基于2001~2011年的省级面板数据论证了城乡教育不平等将会加剧城乡收入差距，且城乡收入差距也会促使城乡教育不平等的程度进一步加大的现象（吕炜等，2015）；在此基础上，有学者进一步基于2000~2013年省级面板数据考查了城乡发展水平（收入差距）与城乡教育差距的关系，论证了城乡教育差距呈现“倒U型”变化趋势的假说（向国成，2016）。在收入分配差距与高等教育方面，有学者基于2000~2011年各省（自治区、直辖市）居民收入差距的基尼系数和1995~2006年高等教育的相关统计数据对高等教育规模与质量对居民收入分配不平等程度影响的长期效果进行研究，发现东部发达地区高等教育规模与质量对收入分配均等化具有显著作用，而中西部欠发达地区高等教育总体上扩大了居民收入差距，因此认为，扩大高等教育规模与提高高等教育质量是缩小东部发达地区居民收入差距的重要政策选择，而中西部欠发达地区则应公平分配公共高等教育资源以及切实提高高职高专的教育质量（李祥云，2014）；也有学者基于高等教育投资回报视角考察中国大学教育溢价自1988~2013年的演化，研究发现，中国大学教育溢价的演化呈现出“倒U型”特征且其转折点发生在2007~2013年，这一结论对优化高等教育政策及重视发展质量具有一定的启示（彭树宏，2017）。

基于上述收入分配与教育公平（或机会）差距的关系，从政策制度公平性、技术创新促进作用等视角考查上述关系的影响因素也成为学术界研究的重点。如有学者通过分析收入分配结构性差距（自然性收入差距、制度性收入差距和结构性收入差距）与制度公平与否以及技术创新模式（“领跑”/“追赶”）引起的力量对比，指出库兹涅茨“倒 U 型”曲线只是现代化进程中收入差距演变的一般趋势，但并非必然趋势，通过公平的制度建设、加快现代化改造进程、加强低收入群体发展等措施，有利于缓解差距过大问题（邵红伟，2016）。那么高校扩招作为高等教育发展过程的一项重要制度性安排，对教育公平或机会差距的影响又如何呢？整体来说，高等教育扩招制度中断了自高考恢复以来的地区间入学机会差距持续扩大的趋势，增加了城市与农村获得高等教育的总体机会，缓和了城乡二元结构下的机会不平等现象，也在一定范围上缩小了入学机会差距（如性别差距、发达地区内部城乡差距）（路晓峰，2016；徐娜，2018；刘堃等，2020）。但是，非均衡的扩招也间接扩大了全国总体的城乡高等教育入学机会差距（路晓峰，2016），城市与农村内部各社会阶层在高等教育机会获得上内部分化明显且农村更为严重（刘堃等，2020），阶层分化对教育机会不平等的作用并没有因机会的增多而弱化且农村阶层底层差距存在被拉大的趋势（宋博等，2019），而从高等教育层次结构上的表现来说本科教育质量层面上的不平等反而有上升趋势（徐娜，2018）。

6.1.3 “马太效应”“倒 U 型”曲线与区域非均衡发展模式

库兹涅茨的“倒 U 型”理论说明社会经济发展过程客观存在收入分配差别，这种差别的长期变动轨迹是“先扩大，后缩小”（Kuznets，1955）。1965 年，威廉姆逊把库兹涅茨的收入分配“倒 U 型”假说应用到区域经济发展研究中并提出了区域经济发展差异的“倒 U 型”理论：区域经济发展阶段与区域差异之间存在着“倒 U 型”关系，即经济活动的空间集中式极化是国家经济发展初期不可逾越的阶段，但由此产生的区域经济差异会随着经济发展的成熟而最终消失。这一理论，也成为区域非均衡发展模式的一种依据。从发展中国家的实践来看，这种“效率优先”的非均衡发展模式有效推动了经济增长，但这种发展模式所形成的区域差距并没能通过市场化的趋同机制实现自我修正，再加上地缘优势、资源禀赋等因素，导致出现“强者愈强，弱者愈弱”的“马太效应”现象（胡亚荣，2017；何健文等，2019）。部分原因在于，上述收入差距现象在发达地区促进了经济增长，但也阻碍了贫困地区的经济增长（Barro，2000）。同时，在非均衡发展模式下，增长极地区或者高梯度地区的资源集聚效应、虹吸效应不断加强，而梯度推移能力受到梯度推移黏性制约使得这些地区的技术经济扩散效应及外溢效应有限，最终导致区域内长期存在不均衡现象，这也成为区域经济“更高质量、更有效率、更加公平、更可持续”发展的瓶颈。正如有学者基于 2000 ~ 2011 年省际面板数据通过构建区域技术转移驱动因素理论框架对中国省际技术转移驱动机制进行研究得出的结论——省际技术转移更多地发生在“强—强”之间，呈现“强者愈强、弱者愈弱”的“马太效应”特征；省际技术转移受到市场需求、创新能力基础、科技资金筹集和相邻区域技术转移行为等主要因素的显著影响，表现出“市场导向”“能力导向”“竞争导向”三个内在主导决定机制，同时还受到一定程度的环境因素影响（如知识产权保护）（杨龙志，2014）。

从学者们的研究结论来看，整体来说“马太效应”“倒 U 型”曲线是区域社会经济发展过程的一般趋势，且在一定时期、一定范围内具有正向影响和作用（如竞争、效率等方面），实践中也是部分地方政府在某个阶段采取非均衡发展模式所必然面对的历史结果。例如，发展不平衡不充分问题就已经成为广东省非均衡发展模式带来的突出省情，也是当前迈向高质量发展的关键瓶颈。对比广东、江苏和浙江三省 GDP 与人均 GDP 2010 ~ 2019 年的变化趋势来看，尽管广东省 GDP 总量一直排名第一且稍微领先于江苏省（与浙江省相比具有绝对优势），但人均GDP不仅落后于浙江省不少且与江苏省的差距有扩大趋势（见图6-2）。上述三省经济总量与质量的差异及变化趋势，除了与常住人口的基数有关，更与广东省区域发展不平衡不充分的问题有关。

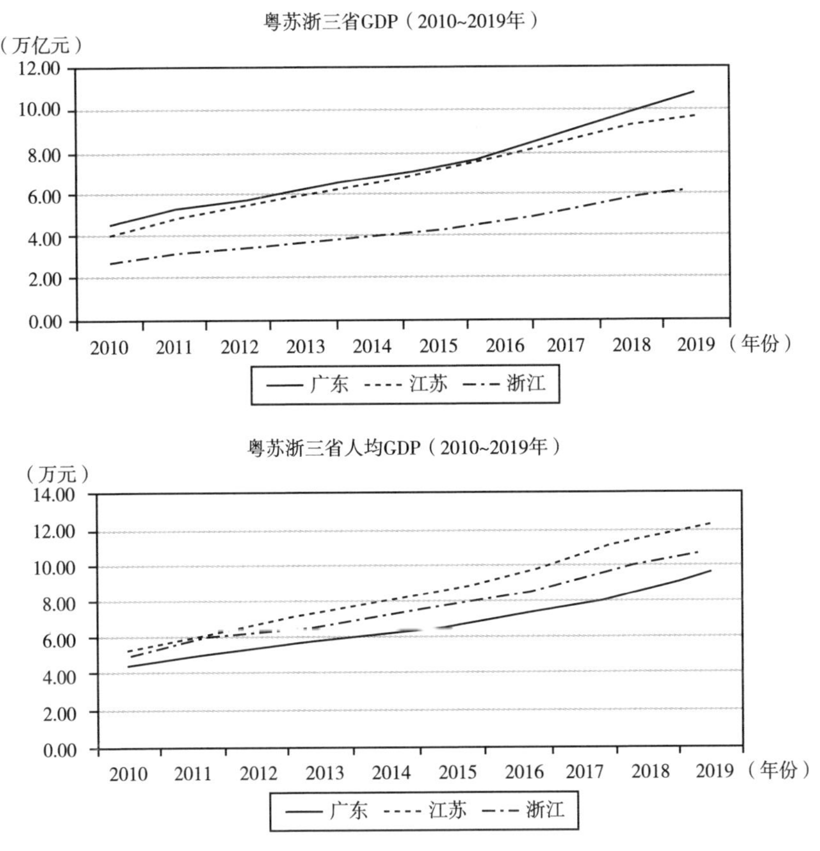

图6-2　粤苏浙三省GDP与人均GDP比较（2010~2019年）

广东省总共有21个地级市，其中珠三角地区占9个，东翼、西翼和北部山区占12个。从2019年广东省四大区域（珠三角、东翼、西翼、北部山区）部分指标与全省以及全国平均水平比较情况来看，粤东西北三大区域与珠三角存在巨大的差距，与全国平均水平同样存在较大差距（见表6-1）。珠三角地区受益于改革开放的政策红利以及长期的非均衡发展模式，发展程度最高。根据世界银行制定的国家与地区收入水平划分标准，珠江三角地区达到中等偏上水平，接近高收入国家或地区的水平。但其他三个地区与珠三角地区发展程度差异巨大，并且GDP增长率、人均GDP、研发投入强度、全体居民人均可支配收入等均与全国平均水平有较大差距。从区域经济总量占比变化看，珠三角地区GDP总额占全省比重逐年提高，“2000年—2010年—2020年”三个阶段的比重变化分别为“75.32%—79.96%—80.83%”，相应的粤东西北地区占比逐年下降。尽管珠三角地区与粤东西北三个地区总量占全省的比重提高或者下降幅度不是很大，但总体反映了广东省区域内的绝对差距呈现一定的扩大态势。粤东西北三大地区较低的经济发展程度，给当地高等教育发展带来了挑战，同时也是全省区域均衡充分发展以及高等教育区域协调发展面临的重要瓶颈和挑战。

表6-1　　2019年广东省区域社会经济发展部分指标情况及比较

指标		珠三角	东翼	西翼	北部山区	全省	全国
地区生产总值（GDP）	总金额（亿元）	86899.05	6957.09	7609.24	6205.69	107671.07	N/A
	占全省比重（%）	80.70	6.40	7.10	5.80	100.00	N/A
	增长率（%）	6.40	5.00	4.90	5.10	6.20	6.10
	人均GDP（万元）	12.92	3.750	4.47	3.430	9.42	7.09
R&D经费及投入强度	金额（亿元）	2962.36	60.56	33.24	42.33	3098.49	N/A
	占全省比重（%）	95.61	1.95	1.07	1.37	100.00	N/A
	占GDP比重（%）	3.41	0.87	0.44	0.58	2.88	2.19
财政科技支出	金额（亿元）	1047.40	13.46	12.05	32.59	1168.79	N/A
	占全省比重（%）	89.61	1.15	1.03	2.79	100.00	N/A
进出口总额（亿元）	金额（亿元）	68613.78	1281.07	668.63	1082.25	71645.73	N/A
	占全省比重（%）	95.77	1.79	0.93	1.51	100.00	N/A
居民人均可支配收入	金额（元）	47911.02	21754.18	21690.95	21287.99	39014.00	30733.00
	占全省比重（%）	122.80	55.76	55.60	54.57	100.00	N/A

资料来源：根据2020年度《广东统计年鉴》《中国统计年鉴》整理。

6.2　高等教育人力资本与产业链、创新链的协同困境

6.2.1　高等教育供给与产业经济发展适配问题

在资本边际收益递减时无法实现要素升级、在人口红利消失时无法实现产业升级、不能解决好收入分配差距与社会公平问题是中等收入经济体之所以容易陷入“中等收入陷阱”的主要诱因（罗新祐等，2021）。在上述诱因之中，存在一个极为关键且相互作用的因素就是人力资本结构，正如有学者指出，“‘中等收入陷阱’的实质是产业结构陷阱，究其本质是人才结构陷阱”（连莲，2013）。因为人力资本结构是产业结构调整的基础，而高级人力资本则是产业结构高级化、价值链高端化的重要依托，如“硅谷效应”“德国制造”等现象；同时，人力资本积累与技术创新不同程度地推动经济增长，而中高等层次人力资本积累与技术创新的协同推进效应更为明显（王少国，2017）。对于位于中等收入阶段排名中上的经济体来说，全社会人力资本水平的提高，既是由要素驱动向效率驱动和创新驱动转型的关键，也是能否跨越“中等收入陷阱”的关键，这也是四个东亚经济体的重要发展经验（韩国、新加坡、日本及中国香港分别于20世纪八九十年代进入高收入阶段，2010年四个经济体15～64岁劳动力人口中接受高等教育人口的比重分别为41.60%、37.60%、30.60%和18.1%）（罗新祐等，2021）。另外，还有研究指出，经济增长放缓不太可能发生在具有高水平中等和高等教育的国家以及高技术产品占出口产品很大比重的国家（Eichengreen B.，2013）。因此，中国要实现持续发展完成赶超并避免陷入“中等收入陷阱”，应将高等教育

置于优先发展的战略地位，在保障高等教育规模高水平扩张的同时注重提升人才培养质量，优化学科专业结构，推动高等教育人才链与创新链、产业链的协同度和适配性（薛新龙，2017）。在高等教育发展过程中，还应该重视前文提到的“马太效应”现象，以及公平与效率的兼顾问题，因为制度公平性降低对人力资本积累的负面影响，在一定程度上抵消技术进步对经济增长的积极效应，加大受困于“中等收入陷阱”的风险（王学龙，2015）。

从上述分析可知，在迈向高质量发展的新时代，经济社会发展对高等教育质量的需求、对高质量人才和知识供给的需求比以往任何时候都更加迫切。但是，从当前中国高等教育发展质量来看，还存在系列不足，既影响高等教育自身迈向“特色强、质量优、满足需求能力强”的高质量发展，也影响新时代社会经济迈向高质量发展（钟晓敏，2020）。如地方普通高校转型发展与地方社会经济发展要求以及国家现代教育体系建设需要存在差距（主要表现在专业定位、人才培养目标、人才培养模式趋同现象严重，以及学校整体竞争力、创新能力不足等方面），人才培养模式及培养质量与网络化、信息化和智能化社会经济环境下的人才市场需求不相适应，培养方案、课程体系及教学模式与应用型人才的职业素养要求脱节，课堂教学伦理及逻辑不能适应新型人才培养要求；随着新技术、新业态的出现，人才市场的需求特征及相应素质和能力要求发生改变，而高校在人才培养过程中未能紧跟时代变化对人才培养方案及时进行调整和优化，使得人才培养目标定位与市场需求导向存在漂移或偏离现象，导致人才培养目标达成度不理想以及人才培养效果未能有效满足市场需求等问题（郑文，2020；翟红，2020；别敦荣，2020）。2019 年全国人民代表大会常务委员会执法检查组《关于检查〈中华人民共和国高等教育法〉实施情况的报告》相关内容也揭示，近年来部分高校办学定位、学科专业特色、人才培养层次类型以及地方普通本科院校转型发展等方面存在不同程度的问题，与国家经济社会发展需求结合不紧密，高等教育人才供给和市场需求存在结构性矛盾，经济社会发展最为需要的应用型、复合型、技术技能型人才紧缺的同时也存在毕业生就业难问题（王晨，2019）。

正是基于以上高校办学质量以及人才培养的现实问题，近年来国家相继出台的《关于加快建设高水平本科教育　全面提高人才培养能力的意见》《关于狠抓新时代全国高等教育本科教育工作会议精神落实的通知》《关于深化本科教育教学改革　全面提高人才培养质量的意见》等文件以及相关要求，凸显新时代加强本科教育促进高质量的人才供给和知识供给的重要性和紧迫性。

6.2.2　高等院校协同创新与科技成果转化问题

无论是从高等教育的功能来说，还是人力资本理论视角、创新系统理论及“三螺旋”理论等视角，高等教育对社会经济发展具有重要作用。高等院校除了提供高级人力资本作为创新驱动发展的人才资源，也是区域创新系统中的重要力量，通过基础研究、产学研合作、校地合作等方式推动区域创新能力及经济发展质量提升。党的十八大以来，国家强调坚持走中国特色自主创新道路、实施创新驱动发展战略，把科技创新摆在国家发展全局的核心位置，教育、科技和经济融合发展趋势不断加强，在此过程中高校科技创新能力与规模都显著提升。如高校国家重大科技基础设施从“十一五”期间零的突破到“十二五”期间牵头项目占1/3再到“十三五”期间优先启动项目占据半壁江山，再如“十三五”期间高校承担了全国60%以上的基础研究、60%以上的重大科研任务以及占有60%的国家重点实验室，每年获得国家科技三大奖占全国60%以上、发表科技论文数量和获得自然科学基金资助项目均占全国80%以上（雷朝滋，2019）。鉴于高校科技创新在国家创新发展战略以及区域创新活动的重要地位，高校科技创新效率、科技成果转化等问题也成为政府和学术界关注的重点方向。整体来说，当前高校科技创新能力与区域经济发展形成密切关系，能够直接或间接促进区域经济发展以及产生空间叠加效应（本省域和临近区域两种空间作用的叠加），反映了高校科技创新活动与区域经济发展的引致作用以及区际经济发展的辐射作用（王少鹏，2021）。但是，高校科技创新发展过程也存在不同程度的问题，最为突出的就是科技创新活动与市场需求脱节、科技成果转化效率低甚至无法转化为生产力，以及“孤岛现象”等问题。

以中国“C9 大学联盟”为例（2009 年由北京大学、清华大学、复旦大学等 9 所著名的“985”高校组建而成，简称“C9 大学联盟”），有学者通过比较分析 2013～2017 年 C9 大学联盟与国内其他 75 所大学有关科技经费投入、专利、技术转让收入等情况后发现，国内顶尖的 9 所大学总体科技经费投入与技术转让产出比例整体较高，但“高投入—低产出”学校居多，科技成果转化的数量与质量有待进一步提升（李春林，2020）。

学者们从不同角度对不同层次类型高校科技创新效率以及科技成果转化情况展开研究。如有学者基于 DEA 模型对 32 所“985”高校科研投入与产出效率进行考查发现，高校科技成果产出分布极不均衡，43.75%（14 所）的高校均不同程度存在着投入冗余与产出不足现象（胡德鑫，2017）；有学者基于 DEA-Malmquist 方法分析 2008～2016 年我国高校科技创新的实现与转化效率，发现高校科技创新实现效率与转化效率总体偏低，从实现到转化出现效率脱节现象（李胜会，2020）。根据 2019 年全国人民代表大会常务委员会执法检查组《关于检查〈中华人民共和国高等教育法〉实施情况的报告》相关调查结果显示：高校科技创新能力特别是原始创新能力还不强，高质量标志性成果产出低，在一些关键领域“卡脖子”问题上突破少；在实施创新驱动发展战略以及支撑区域重大发展战略上的能力和水平还不足，产学研用协同创新体制机制不健全，供求关系脱节，“重产出、轻转化”的问题仍然突出；科技创新制度环境还不够完善，科研经费等资源配置的激烈竞争性容易使科研工作者屈从“项目导向”（王晨，2019）。

“十三五”期间，为提升中国高等教育综合实力和国际竞争力，实现从高等教育大国到高等教育强国的历史性跨越，国家开始统筹推进世界一流大学和一流学科建设（简称“双一流”建设）。截至当前，“双一流”建设取得阶段性成效，但也存在不同程度的问题。如有学者指出，“双一流”建设战略提出后高校科技创新效率并没有持续稳步提高，目前还处于人力资本“稀缺”、物质资本“丰裕”的阶段，主要影响因素有管理水平、技术水平、评价方式、人才质量、投入产出规模等（马聪颖，2021）。也有学者通过研究发现，“双一流”建设背景下高校科研总体效率呈增长趋势但效率从高到低排序依次为西部、中部和东部，同时也发现中国高校人力资本投资总体处于“稀缺”状态，以经费为代表的物质资本投入处于“冗余”阶段，存在“重量短质”问题（苏荟，2020）。

6.2.3　高等院校人才培养质量与教学文化危机

近年来，教育部出台系列文件和政策突出强调本科教育质量、提高人才培养能力的重要性，有关文件及会议精神多次强调“振兴”“狠抓”“整顿”等措辞也间接说明高等教育扩招以来日渐形成的本科教育质量问题，其中有关严格教学管理、提升学业挑战度、淘汰“水课”、打造“金课”等要求也进一步明确问题的所在（李华军，2021）。除了扩招制度产生的师资队伍、教学环境以及设施设备等基础资源跟不上招生规模的政策性因素以及高校生源整体质量下降（学习兴趣和能动性不足、学习动机弱、知识获得能力不足、创新思维缺乏等问题）两个主体层面的直接原因，还有更多体制机制层面的问题导致的教学文化危机及教学生态异化的原因（皮武等，2019）。

近年来，高校行政与学术、教学与科研、教与学等领域或相关主体的功利主义倾向较为明显，加上大学生群体素质下降以及教学伦理异化趋势，导致教学生态异化并在大学制度形态、课程形态、教学形态、学习形态、师生关系形态等方面形成大学教学文化危机（皮武等，2019）。这一教学文化危机的形成，可以从以下四个方面进一步探究。第一，从组织与个体角度来说，由于当前相对优越的生活环境、独生子女的家庭环境、快速发展且复杂多变的社会环境、过度强调鼓励和保护的教育环境等诸多因素，使得当代大学生在心理上“不成熟”的同时，也呈现出“强个体”的特征。与此对应的是大学教育教学体系中也存在“弱组织”（“重科研、轻教学”导向以及教育教学治理体系不健全等因素导致的相关教学管理以及学风管理部门职能弱化）和“弱个体”（于学校及学生而言教师地位处于相对弱势的状态，如学生手握评教大权且评教结果直接与教师职称评审、评优评先、绩效考核等紧密挂钩）的特征。上述教学主体之间存在的“强个体 + 不成熟”与“弱组织 + 弱个体”的多重特征，导致教学生态的异化并成为“水课”形成的重要原因，阻碍了教与学两大主体的有效互动和共同发展（李华军，2021）。第二，从“场域理论”来看，大学这一社会关系结构中的各种客观力量被调整定型为具有特定引力或压力的一个“场域”，这种引力或压力被强加在所有进入该场域的客体和行动者身上形成“场域压迫”（布迪厄，1998），比如因为职称晋升与考核制度之下导致大学里“重科研、轻教学”的普遍现象、因为不合理的评教制度之下教师获得好的评教成绩与学生获得理想课程分数导致双方形成“默契”（或“妥协”）的课程主体“共谋”行为（皮武等，2019），最终形成“教学是良心活，科研是用心活”以及“劣币驱逐良币”等不良文化影响（徐大成，2019；陈武元，2020）。第三，从宏观教育评价制度来说，大学整体实力评价及排名就是一根“指挥棒”。长期以来类似“四唯”“五唯”的评价体系是行政中心主义、管理主义、绩效主义的复杂产物，其根源在于学术逻辑与行政逻辑之间的冲突，从而在学科评估与大学排名的作用下产生了学术锦标赛以及不良的大学政绩观，进而出现“唯科研”或“重科研、轻教学”的运行逻辑，导致“以育人为本”的办学理念在实践中异化为“以政绩为本”或“以排名为本”，也直接导致资源投入重心、学校工作中心都放在产出快、见效快的科研上而忽略或不够重视教学工作（王洪才，2021）。第四，从微观教学评价制度来说，从 20 世纪 90 年代教育部借鉴国外做法，引入和实施学生课堂教学评价制度以推行“以学生为中心”的教育教学理念及课堂教学保障体系，在高校实施至今已有 30 年，但运行过程中却一直备受质疑。不论是从实务界还是学术界的研究来看，目前这项措施的功能或效果都已经异化或弱化，如前面提到的因“场域压迫”形成的课程教学主体“共谋”或妥协现象，以及学者们研究得出的“从‘以评促教’到‘以评促分’”“从‘评教’到‘评人’”“从‘教学相长’到‘教学相涨’”系列异化现象（哈巍，2019；吴立军等，2020）。正因如此，教育部于 2016 年出台《关于深化高校教师考核评价制度改革的指导意见》文件，强调高校“应实行教师自评、学生评价、同行评价、督导评价等多种形式相结合的教学质量综合评价”。但是，至今还是有不少学校将学生作为唯一的课堂教学评价主体并将评价结果深度关联应用于业绩考核、职称评审等领域。

上述教学文化危机或教学生态异化，也反映出高校思想政治教育与素质教育、专业知识及素养教育、职业能力培养等环节或过程衔接不够紧密或脱节，没有站在高校办学方针、发展目标的全局高度、战略视角和整体层次开展思想政治教育，而是将思想政治工作进行条块分割，导致形式上齐头并进但实质上却又是各自为政的现象，无法从体制机制层面和顶层设计层面形成有效的“大党建”“大思政”工作格局以及有效协同的“三全育人”机制（曹荣瑞，2020；裴以明，2021）。

第3部分

协同治理篇

第7章 高等教育治理的理论基础与实践逻辑

7.1 高等教育治理的理论基础

7.1.1 制度变迁与“适应性效率”理论

20世纪70年代前后，西方学者在研究社会技术经济活动与经济发展关系中开始重视制度因素的作用及影响，由此开始形成制度经济学理论及制度创新研究范畴（Davis & North，1971；Rutton，1978）。从制度创新经济学分析视角来看，制度创新就是“旧制度非均衡—制度创新—新制度均衡”这样一个从制度均衡到非均衡再到均衡的动态变化与演变过程。于是，这种制度演变的动力、机理、模式及路径等要素构成制度变迁理论的基础。

诺斯引入技术变迁的“路径依赖”分析方法研究制度变迁问题，指出制度领域的“路径依赖和锁定”就是制度变迁在受沉没成本、学习效应、协调效应和适应性等形式的报酬递增制约而产生不可预期结果的部分特征——即如果最初选择的制度正确，那么沿着既定的路径则可能进入良性循环并反复强化，形成路径依赖；反之，则可能顺着错误的方向陷入某种均衡，制度被锁定在无效率的状态中（North，1990）。如何打破这种“路径依赖或锁定”，就是要采取必要的制度变迁模式，如自下而上的诱致性制度变迁（需求主导型制度变迁）或自上而下的强制性制度变迁（供给主导型制度变迁）（Rutton，1978；North，1990；黄少安，1996）。制度“适应性效率”是诺斯在进一步考察长期经济增长绩效以及与此相适应的制度变迁效率后所提出的重要概念，主要包括组织机构的创新能力、持续学习的能力以及转换的有效性三个方面的内容：影响经济绩效的，首先是选择比较恰当的组织结构形式，即“组织机构的创新能力”；与配置性效率只考察静态、短期的经济绩效不同，“适应性效率”考察的是长期经济绩效的制度结构如何适应经济的变动而调整的问题，即“转换的有效性”；而要实现这种转换的有效性，组织机构必须要持续学习进而修正、调整或改变现有的组织机构、规则等（North，1994）。

高等教育治理体系的本质是高等教育制度体系的结构逻辑（治理机构、关系及作用机制等）与治理的思想逻辑（治理思想、理念及文化等）交织而成的复合体（桑顿等，2020；冯磊，2021）。从制度变迁及“适应性效率”理论来看，这种复合体有效运行，除了制度体系应有的结构性逻辑之外，还必须有与制度体系本身以及教育发展、社会环境变化相适应的确保治理运行有效或转换有效的思想逻辑与创新能力。从后文考查的国内外高等教育治理模式及实践逻辑的变迁过程来看，在一定时期的治理体系及治理模式，都有着历史的必然性、实践的合理性以及特定社会经济环境下的适应性。治理体系变迁的缘由，也都存在与发展过程不相适应的问题和缺陷，也存在自上而下或自下而上的制度变迁过程及模式。例如，20 世纪 90 年代中期以来，中国通过实施“211 工程”“985 工程”以及“优势学科创新平台”和“特色重点学科项目”等重点建设，推动一批重点高校和重点学科建设快速发展以及高等教育整体水平的提升，同时这些“重点建设”的项目治理逻辑也存在身份固化、竞争缺失、重复交叉等问题，包括重点高校拥有“985/211”等符号资本产生历史累积性和延续性效应导致的资源配置失衡及“强者愈强，弱者愈弱”的“马太效应”问题（栗晓红，2018）。因此，为打破原有的项目治理逻辑及存在的问题，提高中国高等教育综合实力和国际竞争力，实现从高等教育大国到高等教育强国的历史性跨越，“十三五”期间出台“双一流”建设这一新的制度性安排。区别于传统的以高校为基础的固化式项目治理模式，“双一流”建设以学科为基础，对建设过程实施动态监测及管理，实行有进有出的开放竞争和动态调整机制，打破身份固化和终身制。这一创新性的制度安排及治理逻辑，在一定程度上提升了高等教育治理体系的适应性效率。

7.1.2　公共治理视域下的高等教育治理逻辑

“治理”（governance）一词是相对于传统的“统治”或“管理”（government）而言的。20世纪90年代后，经过西方国家学术界研究和公共组织及政府的实践，治理演变成指导公共管理实践的一种新理论，在后新公共管理时代（相对于20世纪70年代兴起的新公共管理运动，又称“新公共治理时代”）在西方政府公共管理领域发挥了重要作用。新公共治理理论认为，鉴于教育、卫生等领域的公共服务提供主体多样化、公共政策制定过程复杂化，需要着力突破传统管理中封闭的流线式结构，进而推动协商格局的系统形成和价值秩序的个体重建（林琦，2021）。全球治理委员会给出的“治理是各种公共的或私人的个人和机构管理其共同事务的诸多方式的总和”这一具有代表性和权威性的定义，阐释了治理的内涵：（1）治理是一个过程，而非结果或规则；（2）治理的主体既可以是公共部门，也可以是私人部门；（3）治理强调主体之间的互动与协调，而非制度性管控；（4）治理是为了协调双方利益以及缓和矛盾，最终目的是维护或实现大多数人的共同利益（陈思蒙，2017）。

从公共治理视域下的治理内涵可以看出，公共治理的最大目标是实现“善治”。“善治”同样是高等教育治理体系改革的目标，也是高等教育治理的应有内涵。世界银行与联合国教科文组织认为，“高等教育治理”是“高等院校做出决策和采取行动所遵循的正式的或非正式的安排，包括外部治理和内部治理，外部治理处理高等院校与其主管者之间的关系，内部治理处理高等院校内部权力的分配问题”（蒋凯，2021）。实际上，这一定义仅仅从中观层面的高等院校这一主体阐释是不够全面的，还应当把宏观层面的政府公共管理部门（教育、财政、科技等部门）围绕与高等教育相关的经济科技及社会发展规划和政策而产生的系列关系范畴纳入进来，由此而形成政府、学校、社会、市场等多元主体之间的互动、协调与合作关系范畴。另外，在从新公共管理到新公共治理范式的转变中，以英国、美国、新加坡为代表的英美法系国家正基于国际组织规则、国家法律秩序（包括立法、行政与司法规制）、行业规范等外部规制，与大学章程、学校规章制度等内部规制持续互动建构新的“混合法”规制结构，推动高等教育治理新范式的形成（王思懿，2017）。如英国通过发挥大学基金委员会（UFC）（原大学拨款委员会）等中介组织的作用促进大学与政府以契约方式进行合作，进而保障大学自主权，强化大学自我规制；美国主要借助以美国大学协会（AAU）、美国大学教授协会（AAUP）为代表的专业组织发挥社会集体规制的作用，进而实现对国家公共规制的抗衡，并保障大学自治。

7.1.3 高等教育治理相关理论及演进脉络

兴起于社会学、管理学等领域的单边治理理论在学术界和实务界都被认可为治理理论的思想起源，这同样可以当作大学治理的理论起源。因为从早期的中世纪大学组织纯粹的宗教职能（开展宗教活动和神学知识传授）及所处的社会环境来看，大学治理就是结构简单、逻辑单一的单边治理模式（肖柯，2018）。随着社会的进步、大学的发展以及宗教功能在大学组织里的淡化，以洪堡大学为代表的研究型大学的崛起使得大学的社会角色和组织职能更加多元化，由此单边治理理论及模式无法适应当时的大学发展以及所处的社会环境。实践中，政府与教会的博弈也不断扩大学校自主权，进而使得大学治理的边界和手段也呈现出多元化的态势（肖柯，2018）。

“利益相关者理论”源自企业战略目标及公司治理领域研究及实践中对“股东至上主义”的批判。1963年，斯坦福研究院（Stanford Research Institute，SRI）首次提出利益相关者概念，随后学者瑞安曼（Rhenman）将SRI定义中的单边利益相关者扩展为双边关系，强调企业和利益相关者之间的互相影响（李维安，2007）。由此，与“股东至上主义”的“单边治理模式”相对应的，针对利益相关者关系网络形成“双边（多边）治理模式”，或者叫“共同治理模式”（楚永生，2004）。20世纪60年代诞生的利益相关者理论引起社会公共领域的重视并被应用于学校之类的社会组织及公共产品，随后也推动了与此相关的社会网络理论及行动者网络理论的发展。在利益相关者理论之下，大学利益相关者包括政府、学校、社区、捐赠人、师生等主体，其治理逻辑必然是多边治理或共同治理。因此，这一阶段的大学治理理论相应地被称为利益相关者多元（共同）治理理论。

基于利益相关者理论基础以及系统协调论思想，美国学者伯顿·克拉克（Burton Clark）于1983年提出“三角协调理论”。他认为，高等教育发展及大学治理模式主要受到学术寡头（或学术权威）（academic oligarchy）、国家权力（state authority）、市场（market）三种不同力量的共同影响（Clark，1986）。所谓“协调”，即将高等教育系统的各种权力加以整合，使之形成系统。在整合的自然过程中，又分为官僚协调、政治协调、专业协调和市场协调四种整合方式（陈丽媛，2019）。“三角协调理论”问世之后，被国内外学者广泛使用，作为高等教育治理的分析范式。但是，它未能解释三者力量如何演变，也没有深入探讨政府角色定位，对于市场化的概念界定也有悖于主流。因此，后来的学者（加雷斯·威廉斯）结合20世纪80年代开始的高等教育市场化发展背景以及有关高等教育经费分配的研究成果，根据“三角关系”中政府的角色以及系统的发展方向将“三角协调模式”拓展为“1+5”个细化模式，其中“1”是三足鼎立的基本模式，而其他都是依据政府角色（监督者、促进者、供应者、消费者、支持消费者）划分的不同类型，六种类型对于解释不同国家高等教育的发展模式具有重要的意义（彭湃，2006）。随着高等教育大众化和普及化的发展，大学治理的边界也在发生变化（如大学遵循学术逻辑的同时也在遵循市场逻辑与社会逻辑，大学不再是纯粹的学术组织；政府也不等同于国家，还有政党、法律等因素影响大学治理；市场只是社会运行的一个方面，还有文化等因素影响大学治理），因此有学者将“学术—市场—政府”的三角模型拓展为“大学—国家—社会”的三角模型（李立国，2020），这一思路，对于新时代中国特色的高等教育治理体系建设具有一定的借鉴意义。

利益相关者多元（共同）治理理论将利益相关者看作一个相对和谐的整体并以责权均分的方式来统一行使实际控制权，实践中容易导致实际控制权的分散化，进而出现多重领导、责任泛化、议而不决的低效治理或系统失灵现象。因此，针对这一局限性，学者们从功能主义视角出发，结合单边与多边治理的核心思想，将研究视角定位为“多元治理中的单边作用发挥”，从而形成关键利益相关者参与治理理论（李维安，2007）。该理论强调治理作用发挥的准则是关键、利害及效率，在对治理主体进行分层和解析的基础上明确掌控专用性资源、直接参与大学决策活动并承担风险责任的人群应为大学的关键利益相关者，他们应在大学治理中承担主体和核心角色。与此相适应，合理的大学治理模式应在单边和多边之间的多元维度中寻找恰当定位。

自20世纪八九十年代以来，随着新公共管理以及新公共治理的运用和发展，高等教育治理体系及其治理机制进一步复杂化。为探究后新公共管理时代（即新公共治理时代）欧洲各国高等教育治理的新发展趋势，德国学者综合法学、社会学、政治学等多学科视角提出“治理均衡器”（governance e-qualizer）的概念（Boer，2007）。他们假定，治理结构是由国家规制、利益相关者引导、学术自治、管理自治和竞争五个维度在某个时间点以某种具体方式组合而成的，这五种治理机制之间相互独立并且可以被任意调节（见图7-1）。“治理均衡器”理论由于借鉴或吸收了市场竞争、社会问责、管理主义等新公共管理及新公共治理的要素以及利益相关者治理理论和系统协调治理思想，突出“国家规制”的“元治理”（治理的治理）地位，对于21世纪以来的高等教育治理体系建设相对来说具有较强的现实解释力，部分学者也为此结合有关国家或领域展开进一步探讨（王思懿，2018；陈丽媛，2019；Sebastian，2020）。

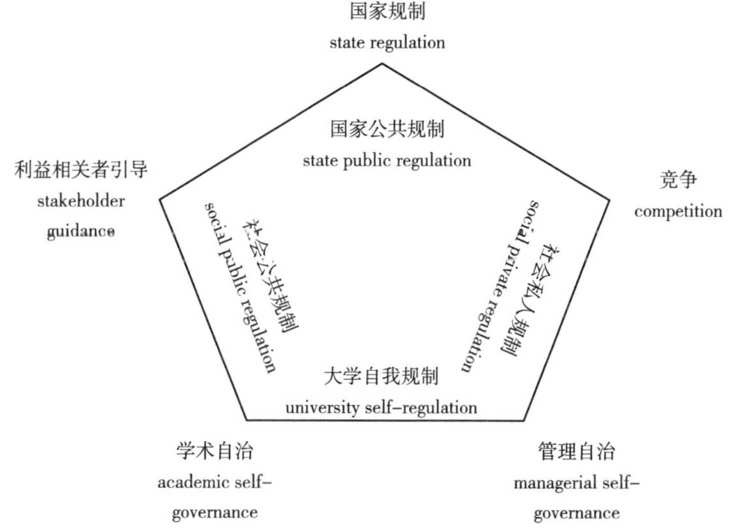

图7-1 “治理均衡器”理论框架

资料来源：王思懿，姚荣. 新加坡高等教育治理如何走向现代化——基于“治理均衡器”的理论框架［J］. 比较教育研究，2018，40（1）：3-12.

Boer H D，et al. On the Way towards New Public Management? The Governance of University Systems in England，the Netherlands，Austria，and Germany［A］. Jansen D. New Forms of Governance in Research Organizations［C］. Dordrecht：Springer Netherlands，2007：137-152.

7.2 欧美国家高等教育治理逻辑及实践演进

7.2.1 英国高等教育治理逻辑及实践演进

根据英国社会经济发展阶段以及所处时代“国家—大学—社会”的三者关系和大学内部的制度体系及管理模式，英国政府高等教育的治理逻辑及演变过程可以分为三个阶段（冯磊，2021）：“精英逻辑”阶段（19世纪30年代至20世纪初）、“专家逻辑”阶段（20世纪初至70年代）和“市场逻辑”阶段（20世纪80年代至今）。

“精英逻辑”阶段的高等教育治理结构以议会为核心（尤其是下议院成为包括高等教育在内的各项社会治理的核心），各个机构派出的委员会都由大学精英人员和有大学背景的政府人员构成，大学精英人员在高等教育治理中具有主导作用。“专家逻辑”阶段的起源是第一次世界大战导致的社会经济发展变化以及高等教育的重要性提升，在枢密院之下设置不同学科的研究理事会及协调机构，大学拨款委员会成为新治理结构的核心（高等教育机构在制定与实施相关政策时都需与大学拨款委员会协商），大学拨款委员会和各个研究理事会都由学术背景深厚的专业人士所主导，大学拨款委员会与大学形成一种友好的伙伴关系。“市场逻辑”阶段的起因是经济危机之后受市场规则与经济效率至上的新古典自由主义影响，这一阶段高等教育服务经济发展和科技创新的主导职能持续增强，国家以清晰的法定权能奠定高等教育市场监管基础并全面划定高等教育治理机构的权责，行政部门成为治理结构的核心（大学拨款委员会及后来取而代之的教育基金会均成为行政部门的执行机构，同时组成成员中半数以上来自工商业界，使得最终形成的决策明显更符合市场利益导向），大学对政府高等教育治理的影响明显下降。随着高等教育在社会经济发展中的重要性日益增加以及高等教育规模的持续扩张，高等教育系统走向市场化，因此高等教育治理中引入市场规则顺应了时代需求并发挥了积极作用。但是，这种“市场逻辑”也使得高校功利主义倾向变得明显，如基础学科和人文学科等投入见效慢或者产出“市场价值”不高的学科受到冲击，大学自治、学术自由以及大学精神被侵蚀。

7.2.2　德国高等教育治理逻辑及实践演进

根据德国社会经济发展阶段以及所处时代“国家—大学—社会”的三者关系及大学内部的制度体系及管理模式，德国高等教育的治理逻辑及演变过程可以分为三个阶段（肖军，2018；胡娟，2021）：18世纪至20世纪初的“学术科层制”模式（也可以概括为“政府控制+教授治校”的双元管理模式）、20世纪中后期的集体决策治理模式和21世纪的协同治理模式。

基于德国早期“法治国”的时代背景，德国大学既没有照搬中世纪大学学者行会的治理模式，也没有完全学习法国大学，而是在理性和自主的理念指导下，在充分吸收科层制优点的同时，将其与学术组织创造性地结合，形成学术科层制的治理逻辑及管理形态（胡娟，2021）。在集体决策治理模式阶段，“政府控制+教授治校”的本质特征没有改变，但由于“68学运”及20世纪90年代的财政危机，这一阶段开始不同程度地吸收类似英国“市场逻辑”的理念，慢慢重视高等教育市场化的影响（如1976年颁布的《高等学校总纲法》明确规定校一级全体成员大会、评议会和学院委员会必须由教授、大学生、学术辅助人员和非学术性辅助人员四大类别构成）。20世纪90年代末，由于德国大学生规模扩大、高等教育系统膨胀以及财政危机等因素，原有的治理模式不能适应高等教育发展效率及决策质量要求，于是在原有治理模式基础上引入新公共管理理念，形成突出强调绩效和产出、更多主体参与的协同治理模式（见图7－2）。这种强调制衡和协调的协同治理模式，目的是要构建一个财权自决、行政自立、学术自由的现代自治大学，但由于各方主体的权力变化及博弈，也会在实践中不同程度地背离初衷（如外部利益相关者权力的提升，学校行政管理部门权力的提升，教授自治组织评议会的弱化等）。

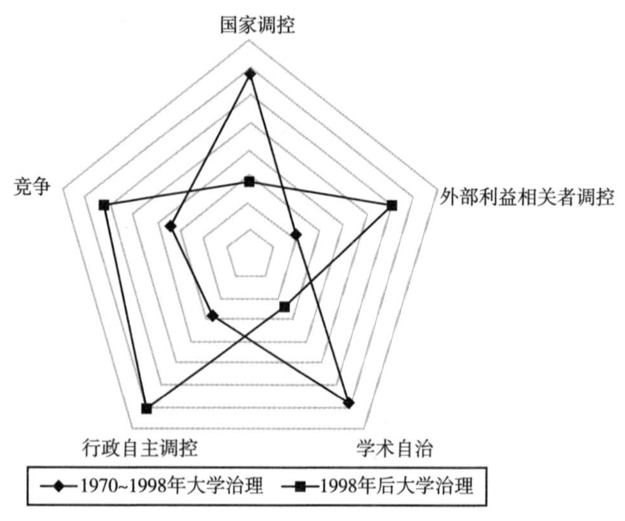

图7－2　德国高等教育治理的“五维协同”模式

资料来源：肖军．从管控到治理：德国大学管理模式历史变迁研究［J］．比较教育研究，2018，40（12）：67－74.

7.2.3　美国高等教育治理逻辑及实践演进

美国高等教育自1636年英国殖民者在马萨诸塞州的剑桥创办哈佛学院开始，已有380余年历史。结合美国国家变革发展历程以及高等教育发展过程来看，其公立大学与私立大学的治理体系不尽相同，但整体上可以将高等教育治理体系变革及实践逻辑的主导思想演进过程分为三个阶段：传统学术治理和世俗主导阶段（独立战争之前）、市场自由思想主导阶段（独立战争至20世纪60年代）以及“法治+绩治”思想主导阶段（20世纪70年代至今）。其中，经过20世纪七八十年代开始的新公共管理运动以及20世纪末开始的新公共治理时代，高等教育治理体系得到进一步的发展，已经形成包括联邦、州、高等院校三个层面相对完善的运转体系及“多方参与+多层级协调”的“协同共治”模式（包括基于法律体系而形成的治理制度协同以及基于国家治理文化而形成的治理文化协同）（见图7-3）。在这种治理体系和运转模式中，政府、市场、中介组织形成了外部治理体系中强大的三方协调力量，而以董事会为代表的治理模式则形成内部治理体系的核心（左崇良，2016；袁利平等，2016）。

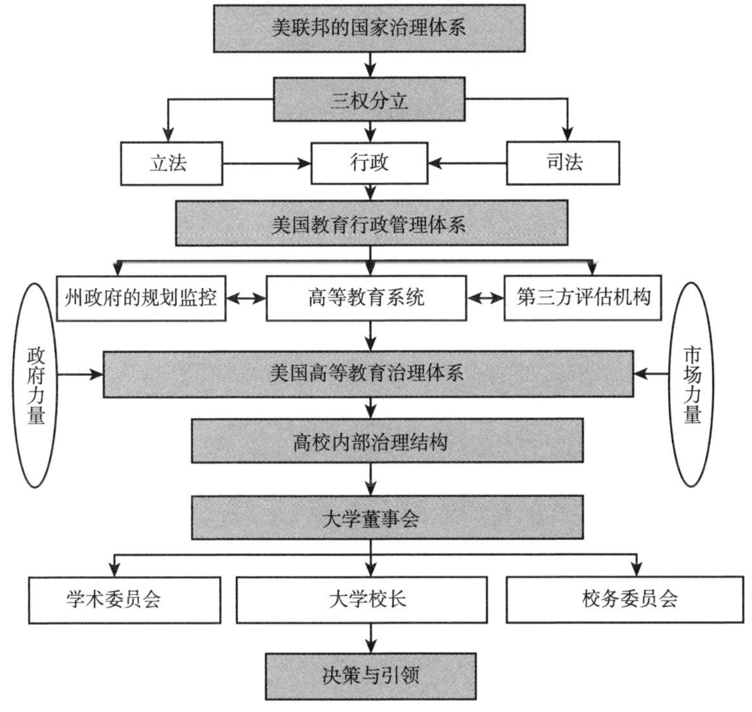

图7-3 美国高等教育治理的“多方参与+多层级协同”模式

资料来源：左崇良，潘懋元．美国高等教育治理的核心要义与内外格局［J］．江苏高教，2016（6）：24-30.

美国当前形成的治理过程规范化、治理主体多元化、治理组织网络化、治理机制弹性化的高等教育治理特征，其基本逻辑及核心思想主要包括以下三个方面（左崇良，2016）：（1）分权共治（分权制衡、共同治理）的设计原则。“分权制衡”旨在建立一个分化而又相互制衡的权力结构，包括纵向和横向两个维度：纵向上的权力主体是联邦政府和州政府，横向上的权力主体是政府、社会、市场和高校。政府通过高等教育分权，实现了权力在不同主体之间的转移和制衡，形成多中心的权力结构。在这一结构中，政府调控与市场调节构成既矛盾又统一的两种力量，共同作用于高等教育体系的运作过程。（2）以法定权的制度保障。以法定权是美国高等教育分权共治的前提和基础，也是根本保障。以法定权，权责明确且对称，最终确保高等教育治理结构的科学化、合理化以及治理过程的制度化和法治化（宏观治理层面注重立法权的“分享”和权力重心下移，微观治理层面实现大学法人化）。（3）多方共治的运行路径。美国高等教育治理体系包括纵横两个维度的法权结构以及内外两个维度的运行结构，具有多主体、多中心的特点。多元主体的良性互动、市场机制的适度引入、社会各界的积极参与，很大程度上打破了政府对公共教育的垄断和大学对学校事务的绝对控制，由此形成分权制衡、协同共治的格局。

7.3 中国高等教育治理逻辑及实践演进

7.3.1 民国时期高等教育治理逻辑及实践演进

回顾中国近现代高等教育的发展历程，有两个重要的源头：一是西方现代高等教育模式；二是中国共产党在革命战争年代艰苦创办的高等学校。

前者随着20世纪20年代大批留学生学成归国进入高等学校被顺利引入中国本土高等教育实践进而使得西方主流大学的办学理念、大学精神与文化、大学制度体系等成为民国时期高等教育“学为政本”治理范式的理论基础和实践逻辑（张晓明，2017），后者随着中国共产党的进一步探索和发展最终成为新时代坚持党对教育事业的全面领导、坚持社会主义办学方向和坚持以人民为中心的中国特色社会主义高等教育事业的治理根基（王定华等，2021）。

民国时期高等教育“学为政本”治理范式的形成过程，有着浓厚的时代背景色彩，也受诸多国家、社会及人为因素的助推。第一，动乱的时局背景使得当时的国家与大学的“政学”关系相对处于一种“弱政府”的关系状态。第二，以蔡元培、蒋梦麟、梅贻琦、张伯苓等为代表的知名教育家形成的教育学术力量某种程度上形成一定意义上的“强大学”特征，进而使得大学和政府处于一种微妙的相对均势状态和某种“准合作”伙伴关系。第三，基于上述知名教育家主导大学校务、大批自由主义知识分子进入大学担任教职等人为因素，使得西方国家主流大学的精神文化、制度体系在办学实践中被巩固下来，形成一定气候的“教授治校、学生自治、行政服务、学术为本”的大学通行制度及文化（张晓明，2017）。

“教授治校”模式虽然借鉴了欧美国家主流大学的经验，但是与欧美国家高等教育发展历史过程中形成的“自下而上”的“教授治校（学）”不同的是，民国时期引入后形成了本土化的“自上而下”特征，这也使得这种模式稳定性不足，加上时局动荡导致政府对教育控制强弱变化的影响，使得教授参与治校的强度和深度也随之变化。此外，“教授治校”体制下的议事方式（代议制、合议制相结合）及决议原则（少数服从多数），一定程度上导致教授群体因争权而产生分裂或重新组合现象进而引发“学阀之养成，学潮之起伏，学系交攻”等问题（黄启兵，2016）。上述这些现象或问题，也降低了“教授治校”的决策效率和质量。

7.3.2 中国共产党领导下的高等教育治理逻辑及实践演进

结合中国共产党建党百年的发展历史，党对高等教育事业的发展及其治理可以大致划分为四个阶段——以独立自主为特征的“自治”阶段（1921～1949年）、以整顿重建为特征的“政治”阶段（1949～1978年）、以施策立法为特征的“法治”阶段（1978～2012年）和以立德树人为特征的“德治”阶段（2012年至今）（陈涛等，2021）。回顾上述四个发展阶段，党的教育理念发生了从阶级教育、革命教育、国民教育到现代教育的转变，高等教育也经历了独自摸索、延安模式、苏联模式、新型高等教育、大众化高等教育、内涵式发展等阶段（王定华等，2021）。全面回顾中国共产党发展高等教育的历史进程以及相应的治理经验，中国特色社会主义高等教育治理的基本思想逻辑可以概括为：以“坚持以马克思主义为指导”为思想前提，以“坚持党对教育事业的全面领导和党委领导下的校长负责制”为基本特征，以“坚持社会主义办学方向”为使命担当，以“坚持以人民为中心发展教育事业和立德树人为根本任务”为办学宗旨。

党的十一届三中全会是中国共产党历史上的一个伟大转折，它开启了中国改革开放的伟大征程。同样，在这一阶段，中国高等教育实现跨越式发展，逐渐走出一条中国特色社会主义高等教育发展道路。回顾新中国成立以及改革开放40余年以来中国高等教育体制改革历程及成效，中国高等教育治理的实践逻辑及演变主要表现在以下四个方面。

第一，坚持高等教育内部治理体系中“党委领导下的校长负责制”领导体制及治理原则。高等教育是党的事业重要组成部分，党对高等教育的领导机制也因党内法规和国家法律而逐步确立、不断发展。中华人民共和国成立至今，从校长负责制到党委领导下的校务委员会负责或以校长为首的校务委员会负责制，再到党委领导下的校长负责制及同时试行校长负责制，再到当前的党委领导下的校长负责制，高等学校内部领导体制共经历 7 次调整，但“坚持党对高等教育的领导”这一基本思想没有改变，并且在实践探索中得到进一步明确和深化。如 2018 年修订的《中华人民共和国高等教育法》（以下简称《高等教育法》）规定“国家举办的高等学校实行中国共产党高等学校基层委员会领导下的校长负责制”，2016 年修订的《中华人民共和国民办教育促进法》规定“民办学校中的中国共产党基层组织，按照中国共产党章程的规定开展党的活动，加强党的建设”。

第二，高等教育外部治理基本体系从高度集中的行政管理体制向“管办评分离与放管服结合”以及“省域统筹与高校自主办学结合”的模式转变。从改革开放之初恢复、重建“统一领导、分级管理”的高等教育管理体制到 20 世纪 90 年代前后中央与地方“分级管理、分级负责”的管理体制，从 21 世纪初以《高等教育法》实施为标志确立中央和省级人民政府两级管理、以省级人民政府管理为主的新体制再到 2010 年后系列改革举措深入推进管办评分离、扩大省级政府教育统筹权以及进一步扩大高校办学自主权，高等教育外部治理体系结构得到进一步调整和优化，“国家（政府）—高校—社会（市场）”多主体参与的协同治理架构正逐步显现。

第三，“省域统筹与高校自主办学”结合的治理视域下高等教育治理模式分层分化的实践特征凸显。随着高等教育综合改革的不断深化，高等教育系统的功能、目标及结构都在出现新的分化与重组趋势，而作为个体的高校在发展过程及阶段性结果中也体现出分化和分层特征。正如高等教育治理的“协调三角形”模式，高等教育系统发展过程实际上也是政府、市场和学术（大学）三元力量相互制衡、协调和互动的动态演变过程并呈现不同状态或结果。因此，有学者基于分层治理的视角，根据大学不同类别的发展差异归纳总结出三种治理模式——研究型大学的学术自主与松散管理结合的“自主型”治理模式、一般性综合大学的权力均衡与利益博弈的“均衡型”治理模式、应用型大学的外部权威与规范运行结合的“渗透型”治理模式（张宏宝，2015、2016）。改革开放以来中国高等教育发展的实践证明，由于不同高校在高等教育外部治理体系中的层次地位、规模实力、学术力量以及社会影响力等不同而使得“协调三角形”呈现不同力量主导下的治理特征差别及发展结果差别，也就使得上述三种类型既是当前高等教育治理体系发展的实践逻辑，也可能成为未来的发展趋势。只不过这三种类型，在一定程度上并非取决于高校自身选择，而是依赖于“政府—高校—市场”中博弈力量的差异以及其他因素影响（例如：政府行政干预或宏观调控的政策性指令是否增强对于一般性综合大学可能产生较大的影响；而由于行业或市场导向办学特征明显的应用型大学或职业学院，未来随着治理结构的完善而使得市场因素的力量不断加强，如职教集团发展以及董事会制度完善等）。

第四，高等教育重点建设政策制度的运动式治理逻辑及演进。中华人民共和国成立至今，中国高等教育重点建设政策先后经历重点大学建设、“重中之重”建设、国家重点学科建设、“211 工程”“985 工程”“2011 计划”以及当前的“双一流”建设。高等教育重点建设政策在变迁中具有历史传承性，有力推动了一批重点高校和重点学科的建设并在世界上取得了重要成就，也由此形成了自身的制度化治理特征及运动式治理的实践逻辑（阎梦娇，2020）。高等教育作为一种既具有市场性又具有计划性的准公共产品，使得高等教育治理的应然逻辑必然有着计划与市场相互结合的元素。高等教育重点建设自上而下的政策逻辑以及“项目制”运行模式体现了行政化配置和市场化竞争结合的“双重体制”（张应强，2018）。这种重点政策及项目运行机制的设计初衷是激发高校办学活力，在突出“效率”价值取向的同时获得超常规发展效益，实践中在不同程度实现政策目标的同时，也有力地推动了中国高等教育的发展。但是，这种既有利于实现“自上而下”集权控制又给予地方政府一定自由裁量权的“项目制”治理模式，在确认高校办学自主权的同时又通过项目设置和项目竞争实现对高校的间接管控，使高校面向政府办学的趋势隐蔽在面向竞争办学之下并表现为高校自愿接受管控（张应强，2018）。由此，这种以项目为载体、兼具竞争性和自治性特征的“分级运作”承包责任制在高等教育评估或地方政府业绩考核领域的“锦标赛体制”助推下，形成了高等教育运动式治理的实践逻辑。从高等教育重点建设的历史动因来看，强调效率取向具有历史合理性，同时也取得重要成效。然而，这种重点政策制度治理模式，促使地方政府及高校运动式竞争态势形成的同时，也使得政府权力及资源配置与“211”“985”等高等教育“符号资本”形成密切的联系，由此导致高等教育等级性和同质性问题，也不可避免地导致高等教育体系内部出现“强者愈强，弱者愈弱”的“马太效应”以及区域高等教育公平与效率的“马太效应”（张虎等，2015；栗晓红，2018）。正因如此，有别于传统的固化式项目治理模式，“双一流”建设这一新的制度安排及治理模式，实行有进有出的开放竞争和动态调整治理机制。这一制度创新及治理逻辑有助于打破传统的高等教育重点建设政策存在的身份固化和终身制，化解固化式项目治理模式导致的“路径依赖与锁定”以及“马太效应”等负面影响。

第8章　高等教育治理体系建设的困境、挑战及案例

8.1　高等教育治理体系建设的困境及挑战

8.1.1　高等教育外部治理体系建设的困境及挑战

从中国高等教育事业发展过程、管理体制变革过程以及治理实践的探索来看，外部治理主体的多元化特征凸显，但依旧还有不少关系需要厘清与规范，实践中的运行机制需要进一步明确，尤其是多元化主体协同共治机制、系统性治理思维、法治化治理工具等方面。

第一，从治理主体多元化实践及协同共治机制上来看，如中央政府、地方政府、大学以及社会等多元治理主体之间的权责利关系，省域高等教育统筹权与大学办学自主权的协调关系，大学办学自主权的空间依然有限，社会参与程度及深度依旧不够高等。从治理结构关系的多元化到治理实践的实质多元化以及协同共治，还需要进一步完善。例如，基于省域统筹权视角下部委院校所属部委与属地地方政府及高校之间的多元主体如何协同，基于省市共建视角下双重管理主体（省级政府与地方政府）权责与地方

高校办学自主权扩大如何协同。以“省市共建地方高校”的政府实践为例，广东省基于全省创新驱动发展战略、粤东西北地区振兴发展战略、高等教育分类发展及高等教育毛入学率提升等方面的战略规划及现实需求，于 2016 年出台有关加快推进省市共建本科高校的政策及工作部署，12 所地方高校纳入“省市共建”计划，共建过程计划在“十三五”期间省市两级政府投入近百亿元支持相关高校发展。但是，从 2017 ~ 2020 年的实施情况来看，存在分化情况：一部分高校的计划运行顺畅，而粤东西北地区部分高校的实施效果却不理想。主要原因在于欠发达的粤东西北地区地方政府财力有限以及高等教育外部性、校地合作深度不足等原因导致内生驱动乏力，加上政策约束力有限以及两级政府利益分歧或冲突问题，使得相关的资金配套责任难以保障落实（任莉，2019）。鉴于上述广东省欠发达地区高校办学体制“双重主体”的历史困境及财政投入保障能力有限的现实困境，为了让高等教育发展更好地服务全省“一核一带一区”区域发展格局，2021 年初广东省将 5 所“省市共建”高校调整为省属高校。

第二，从治理思维系统化角度来看，中国高等教育外部治理需要加强整体统筹、系统协调、协同共治的系统思维。“多元化”的治理结构与运行机制，牵涉许多部门、单位以及办学主体，也会形成多层关系，需要系统性、整体性、协同性的思维加强高等教育综合改革。德国高等教育治理的“五维协同”模式、新加坡的“治理均衡器”模式，均不同程度地体现整体运行、系统协调、协同共治的系统思维。而从中国高等教育治理体系改革的实践来看，行政主导色彩的线性化思维、碎片化思维还是较为普遍。例如，近些年出现的“五唯”问题及其破解与治理，不是简单的政策推动就能让高校制定出合理的学术评价标准，而是需要系统性地去认识“五唯”问题产生的制度根源以及生成逻辑——教育评价、资源配置、政绩业绩考核等领域的顶层设计以及规模扩张发展路径、运动式治理模式、政策治理思维、功利性政绩观等问题，辩证地看待“唯”与“不唯”的本质，合理地做到

“破立结合”。

第三，从治理工具法治化角度来看，中国高等教育外部治理应逐渐从政策治理转向“良法善治”的发展阶段。改革开放40余年来，高等教育事业发展取得巨大成就，在很大程度上受益于政策治理思维以及由此形成的运动式（锦标赛式）治理模式。但是，这种思维及模式容易导致两种状况：一是受益于政策取得的短期效益而固化形成“路径依赖与锁定”，短期内效益明显，但对长期发展产生负面影响（如“985”和“211”工程及项目运行机制，再如“五唯”问题背后反映的教育评价政策以及高校论文及专利数量飙升但质量及转化效率却堪忧的现实问题）；二是缺乏法治理念与系统思维的政策治理，使得改革过程很容易受到政策本身带来的朝令夕改、分散片面以及矛盾冲突等负面问题冲击，由此产生一定程度的“政策失灵”现象并弱化治理效应（前述广东省“省市共建”办学体制调整的案例中有关地市层面的地方政府资金投入责任无法落实和保障，一方面是由于部门出台的政策效力及约束力不足，另一方面也是由于没有遵循市场规律（省市共建需要考虑地方政府的财力现实情况及相应的投入意愿）导致一定程度的“政策失灵”）。

政策治理思维及治理模式，从历史发展的角度来说这是符合特定时代背景的现实选择，从实践成效上来说也取得了相应成效，其中存在的政策冲突、短期流变、效用弱化、预期目标偏离等问题，可以归结为一定程度的“政策失灵”，但并不意味着最终的“政策失败”（孙丽昕等，2019）。从诺斯的“制度变迁及适应性效率”理论来说，问题出在政策制定及执行主体、执行过程以及相应的环境等因素方面，而如何提升政策制度的适应性效率以及避免“政策失灵”，除了需要考虑政策体系本身的系统性、权威性、秩序性等方面，更需要逐步地实现政策治理思维及模式突破并转变到系统化、法治化、协同化的治理思维及路径上，从而避免政策治理陷入两种低效或无效的路径上——政策依赖与锁定、政策失灵与失败。

8.1.2 高等教育内部治理体系建设的困境及挑战

高等教育规模扩张发展模式是社会经济发展的时代需求及历史选择，在取得突出成就的同时也带来系列问题，这成为新时代高等教育内涵发展和高质量发展的挑战。如多年前学者探讨的机构膨胀与官僚化、中心错位与边缘化、精神式微与文化贫困、主体失德与学术失范、课堂危机与乱象等问题（肖起清，2013），如今依旧不同程度地存在，也包括内控失效及权力失衡导致的贪腐问题及违规违纪乱象（李华军，2008；林元新，2011）。上述现象，既有中国高等教育长期以来的行政管理体制影响，也与高等教育规模扩张带来的市场化影响有关，但更多的是与高校内部治理结构性问题及治理效能不高有关。

第一，高校外部治理结构缺陷导致内部治理基础不实。在“放管服”改革之前，我国高等教育系统长期以来实施自上而下的科层制运行模式和治理机制，在这种制度安排和治理机制下，高等学校与政府以及高等学校内部形成以行政配置机制为主的运行机制。高校在行政关系上从属于政府，二者地位不对等。在这样的先天隶属关系下，高校的外部治理变成单一、单向的行政管理、行政监督，同时还存在着业务主管部门与专项监管部门之间的职责冲突与协调不力等问题。高校办学自主权不充分，加上政府管理越位、监督缺位等问题，使得高校内部治理缺乏坚实的基础。上述历史原因导致的困境，在高等教育领域“放管服”改革过程中同样有很大的影响，实践过程中对于政府如何解决“补缺位”“纠错位”“控越位”以及高校应对政府“放得下”而如何“接得住”和“接得好”都是挑战。

第二，内部治理结构高度行政化导致治理效用弱化。基于中国特色及高等教育发展现实需求，高校合理的内部治理结构应当是由政治权力（党委领导）、行政权力（校长及校务会为代表）、学术权力（学术委员会为代表）、民主权力（教职工、学生及社会代表为主体参与管理及监督）以及监督权力（审计纪委监察机构及民主监督代表）五大权力构成一个主体多元化及协同共治的体系。但在实践中，高校内部治理结构整体上呈现“高度行政化”的特征及趋势。高校行政化是一个复杂的组织、制度和文化体系及场域，组织上与上级部门基本上是党政同构，加上传统的单一行政管理体制以及科层制管理模式，使得内部治理及管理上存在规则与人情并存、专业性弱行政性强、服务弱管理强等特征，传统的官本位思想既是行政不正之风的根源同时也进一步加剧高校的行政化（李太平等，2021）。2019 年全国人民代表大会常务委员会执法检查组《关于检查〈中华人民共和国高等教育法〉实施情况的报告》相关内容指出，“一些高校依法自主办学的能力还不强，存在行政化的惯性思维，对学术权力与行政权力的界限认识比较模糊，教师代表大会和学术委员会功能没有得到很好的发挥”（王晨，2019）。从历史上发展形成并延续至今的“双肩挑”管理模式来看，这种模式使得学校行政管理与教学科研职能融合于同一行动主体上，在高校发展过程中推动科研发展和教学资源整合等方面起到重要作用，但是也表现出越来越强的“自反性”——原本受益于行政管理与教学科研双重逻辑交叉与重叠而得以快速发展的高校最终也因这两种逻辑交互的动因转移而产生困境并制约高校进一步发展（胡高强，2021）。上述“自反性”集中体现在学术逻辑与行政逻辑相互冲突的结构性、惯常性矛盾，如领导能力学术化、学术研究权力化以及个人表现平庸化，同时这三种困境在某种程度上显示“双肩挑”这一模式的政策失灵或系统失灵（胡高强，2021）。从高校内部治理结构高度行政化对治理效用的影响路径来看，主要在横向、纵向及相互交叉的多个角度或方向延伸：一是导致大学内部治理系统产生不同程度和不同形式的治理要素碎片化进而使得治理效用弱化，如治理目标的碎片化、治理主体的碎片化、治理机制的碎片化；二是导致大学内部治理系统治理层级分化使得治理效用异化，如纵向层面校院、院系两级的多层二元分化中具备较高独立权的各院系更多地追求本部门利益最大化、横向层面职能部门分化导致各职能部门利用自身权力实现本部门利益最大化（李华军，2015）。

第三，内部治理结构中学术组织“泛行政化”。上述“双肩挑”模式“自反性”的表现之一“学术研究权力化”实际上反映出一个更深层次的问题——学术管理“泛行政化”现象。学术管理“泛行政化”是指行政权力在学术管理组织、学术决策及运行机制中过度膨胀或超限扩张从而背离大学学术为本和知识论逻辑的现象，本质上是学术组织行政化、学术决策行政化和学术管理机制行政化交互影响产生的叠加效应（谢笑珍，2012；梁明伟，2013；叶逢福，2017）。实践中，上述学术管理“泛行政化”现象表现为以下从显性到隐性逐渐过渡的三个层面：一是行政系统或行政人员对学术事务和学术活动过多地干涉或介入；二是由于行政权力和行政意志居于学校决策过程的核心，使得学术权力与学术人员处于非核心地位，不能构成对行政权力的有效制衡；三是由于“双肩挑”管理模式以及学术“权贵”现象的存在，使得学术权力与行政权力交互影响并高度重叠（余利川，2018）。正是上述三种类型的“泛行政化”表现形式及其交互影响和叠加，进一步导致“学术治理行政化”（谢笑珍，2012），成为当前高等教育内外部治理的巨大挑战。

第四，内部治理结构中权力配置失衡导致监督权力虚化或缺位。合理的高校内部治理结构，除了政治权力、行政权力和学术权力外，还有民主权力和监督权力，共同形成完整且相互制约的权力结构体系，每个层面都有各自的权限和职责，缺一不可。但现实中往往出现“一权独大”的权力结构失衡现象，要么党委权力过大、要么行政权力过大，而在这两种状况之间还存在一种“二权纷争”的动态博弈现象，严重破坏高校的政治生态（荣司平，2021）。上述失衡的权力配合结构及运行结果，一方面是由于前两种权力与生俱来的力量以及科层管理体制所致，另一方面是由于民主权力和监督权力力量过小或者独立性不足导致监督弱化或缺位。从高校内部治理结构中的监督体系来看，主要存在同级党委监督“难到位”、二级单位监督“易缺位”、重点领域及关键环节监督效力不足等困境。主要原因在于：一是双重领导体制之下高校内部监督体系对同级党委监督“乏力”，表现在对同级党委监督（尤其是党政“一把手”的监督）底气不足、力度不大、勇气不强等方面，尽管党的十八大以来对于政府机关层面党的纪律检查工作双重领导体制具体化、程序化、制度化有了进一步的完善，但高校在这方面的体制机制还尚在破局之中；二是双重领导体制之下高校内部监督独立性不强，相应机构设置、人员编制、干部任免及办公经费等权限都掌握在同级党委手中，同内部审计一样存在独立性不足的问题；三是人员配置、专业背景、工作能力等方面的限制导致对高校招生考试、科研经费、基本建设、财务管理、招标投标、后勤服务、校办企业等廉政风险比较突出的重点领域监督力度不够，也不能完全适应新形势下“三转”（转职能、转方式、转作风）的新要求进而有效聚焦党风廉政建设及监督执纪问责（于海棠，2019；荣司平，2021）。因此，近年来围绕高校纪委监督困境展开的相关改革正在深入推进，纪律监督、监察监督、派驻监督、巡视监督统筹衔接、协调协同的监督体系逐步建立，高校纪检工作的独立性和权威性得到增强：2018 年 10 月，中共中央办公厅印发《关于深化中央纪委国家监委派驻机构改革的意见》，内容之一就是推进中管高校纪检监察体制改革，明确中管高校纪委书记的提名、考察、任命改为由中央纪委会同主管部门党组进行；2021 年 1 月，十九届中央纪委五次全会工作报告提出“加强对垂直管理单位和部分以上级管理为主单位纪检监察体制改革试点、省级纪委监委向省管高校和国有企业派驻纪检监察组试点工作的指导，深化中管高校纪检监察体制改革”，同时将“制定关于加强对‘一把手’和领导班子监督的意见，着力破解对‘一把手’监督和同级监督难题，加强对同级党委和下级党组织的监督”作为 2021 年度的工作重点之一。另外，近两年来部分省（自治区、直辖市）逐步开展省管高校和国企纪检监察体制改革试点工作，如作为全国率先开展改革试点的省份之一，四川省纪委监委已向 28 所省管本科高校、18 家国有企业派驻纪检监察组。

8.2　“放管服”视角下高等教育内外治理协同的困境及案例

8.2.1　高校内部控制与廉政建设成效及问题：“办”与“督”如何协同

党的十八大以来，落实“八项规定”、建设廉洁政治、惩治贪腐犯罪，成为党中央加强和规范党内政治生活、改进工作作风的重要任务，同时也围绕“把权力关进制度的笼子里”不断深入构建权力运行的制约与监督体系，逐渐形成“不敢腐”的惩戒机制、“不能腐”的防范机制和“不易腐”的保障机制相结合的协同体系。党的十八大以来，高等教育改革发展取得巨大成就，高校全面从严治党也取得系列进展和成效，但是随着“放管服”改革以及“管办评”分离不断深入，高校办学自主权不断扩大，高校廉政建设、贪腐治理、内部控制建设以及内外部治理协同等方面依然面临着各种困境及挑战。

根据中央纪委国家监委网站相关资料不完全统计，2014 年初至 2021 年 6 月，我国高校中累计约 101 名高校省管领导干部因涉嫌严重违纪违法而接受纪律审查和监察调查。其中，约 70 人已被公开通报处罚，约 50 人被开除党籍和公职，约 20 人被开除党籍，其余人员分别被开除公职、党内警告或留党观察。按高校行政级别划分，本次统计涉及本科高校 76 所，高职高专院校 25 所。按所在省市划分，这些涉事高校分别来自 19 个省、4 个直辖市、1 个自治区（见图 8－1）。按涉事高校领导行政级别划分，共有 1 名副部级、35 名正厅级、59 名副厅级、6 名正处级高校领导涉嫌严重违纪违法。按涉事高校领导职务划分，党政“一把手”64 名，占比达到63%。

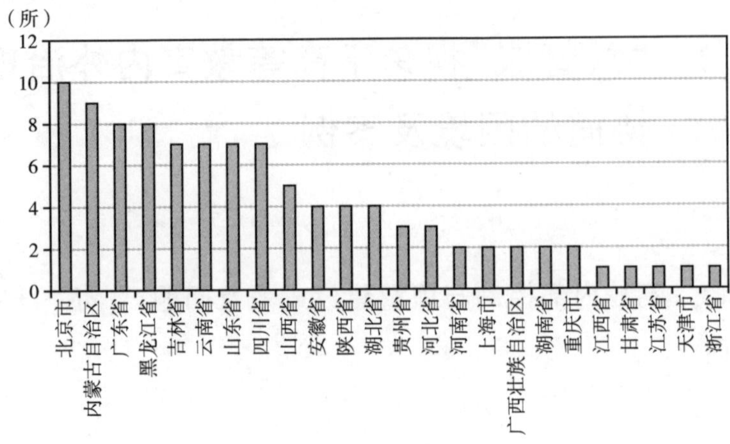

图 8－1　被查处高校领导数量地域分布情况

资料来源：根据中央纪委国家监委网站相关资料整理。

就各年度审查调查的高校领导数量而言，从 2014 年至今整体呈上升趋势（见图 8－2）。这一方面表明党中央对高校党风廉政建设、贪腐治理取得一定成效，另一方面也说明当前高校廉政建设、内部治理任重道远。

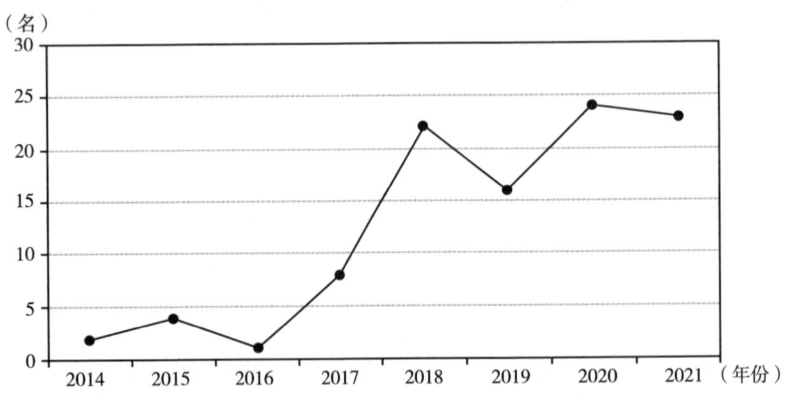

图 8－2　2014～2021 年被查处高校领导数量变化趋势

资料来源：根据中央纪委国家监委网站相关资料整理。

根据此次数据整理及被查处高校领导涉及的违纪违法具体内容，结合 2018 年中国纪检监察报披露的高校贪腐及违规违纪问题总结情况，当前高校贪腐案件及违规违纪问题的总体特征表现如下：（1）涉及领域广，主要集中在财务管理、招投标、基建后勤、人事、考试招生、合作办学、校办企业、附属医院等高危领域；（2）存在少数窝案现象，数据显示有 10 所学校同年度被查人数在 2～3 人，其中个别学校党政“一把手”均被查；（3）党政“一把手”问题不轻，数据显示被查处党政“一把手”64 名，占比达到 63%；（4）“微腐败”占比高，除少数领导干部发生贪污贿赂犯罪外，大多数是轻微腐败或其他违规违纪问题；（5）多种问题交织，如政治问题和经济问题渗透，行政权力和学术权力叠加，失德失范行为和违纪违法问题并存，校内人员与校外人员勾连等（康潇宇，2018；钱玲，2018）。

从党的十八大以来党中央和教育部对高校贪腐及违规违纪问题的整顿治理来看，力度和成效都很突出，但综合上述特征及相关问题产生的原因，也在领导干部个人、高等教育环境、大学文化、制度建设、治理思维等方面反映出高校内部治理存在的问题以及高等教育内外治理协同的困境及挑战。第一，被查处的领导干部个人理想信念缺失、没有正确的权力观和价值观。尽管违规违纪的程度不同、表现形式不同，但根源都在于理想信念缺失、忽视党性修养和政治学习，将个人权利凌驾于党纪国法之上。第二，高等教育规模扩张发展模式与高校自身权力及资源高度集中特征交互影响形成不良环境及高危地带。高等教育扩招 20 余年来，高校的规模扩张和粗放式发展阶段对大学文化、大学精神、运作模式等方面都造成不同程度的影响，加上高校具有权力高度集中和资源高度丰富的双重特点，权力寻租和利益输送的风险交织，成为廉政风险高发地带（康潇宇，2018）。近年来，随着“双一流”和“双高”建设提速，高校经费投入总体规模越来越庞大，对高校内部治理也提出更大的挑战。第三，制度建设存在薄弱环节及协同效应不足导致综合治理体系尚未健全。不论是整体层面的高等教育治理体系还是高校的内部治理结构，都没有及时跟上高等教育发展或高校自身发展，制度建设中“不能腐”的防范机制和“不易腐”的保障机制相对比较薄弱。第四，治理逻辑上尚未有效形成系统性和辩证性治理思维。“不敢腐”的“实然逻辑（后果逻辑）”尚未真正转化到“不想腐”的“应然逻辑（正当性逻辑）”，尚未完全实现“高压惩腐、制度克腐与自律拒腐”相协同、“他律与自律”相统一、“法治、德治与自治”相统一的辩证思维及系统性思维。第五，传统“官本位”思想与高校组织过度行政化交互作用导致“泛行政化”管理文化。从某种程度上来说，传统“官本位”思想和“官僚主义”是廉政风险诞生的“土壤”，学术权力与行政权力漂移、交互和重叠导致的“泛行政化”管理文化则是高校廉政风险滋生的“温床”，而在上述管理文化作用或影响下“学术精英权威”异化为“学术权贵或学阀”的圈层文化（“江湖文化”）及其垄断效应则成为廉政风险蔓延的“营养液”（谢凌凌，2017；余利川，2018）。上述五个层次的问题及困境，从历史制度主义以及制度变迁理论来说，反映了高等教育规模扩张发展以来高校所处环境生态以及自身行政生态、学术生态及制度建设生态相互影响而在高校管理运行层面产生的三个张力（“均衡权利—绝对权利”的权力张力、“规范制度—制度缺陷”的制度张力和“有利环境—不利环境”的环境张力）以及相应治理模式下的消极“路径依赖与锁定”效应（吕丽等，2017）。这种反向张力与消极效应，实际上反映出高等教育治理体系适应性效率低的现实问题，同时也是导致高校贪腐问题及违规违纪现象得不到有效根治的原因之一。

在“放管服”改革深入推进的时代背景下，从高等教育治理体系整体建设以及高校内外部治理协同的角度来说，上述现象及问题背后还有一个非常关键的环节需要重视和加强，那就是高校内部控制体系建设与廉政建设及党政“一把手”监督的协同问题。随着“放管服”改革和“管办评”分离改革的深入，随之而来的挑战便是“管—办”“办—督”之间如何有效协同。高校内部控制体系建设是为了更好地实现“办”的目的，而廉政建设则是为了更好地实现上级主管部门的“管”与“督”以及高校内部的“督”的目的。从前述党的十八大以来高校领导干部被查处案例涉及的违规违纪成因来看，多数案件与高校内部控制建设滞后、权力制衡机制缺失、内部监督“不到位”或“缺位”有关，这实际上反映了高校内部治理结构的缺陷及问题。根据前述结合中央纪委国家监委网站资料不完全统计的数据显示，被查处的高校党政“一把手”占比达到 63%，相比之前有学者统计得出的 68%（统计时间段为 2013 ~ 2018 年）（钱玲，2018）的比例虽有所下降但依然较高（当然，比例高还与统计基数为省管干部以上级别领导有关），这一现象一定程度上说明高校内部控制建设对决策层（尤其是“一把手”）的制衡和监督是低效的。同时，上述现象在一定程度上验证了前文所说的高校纪委对同级党委监督“难到位”的困境和挑战，也反映出高校治理结构中内部控制体系与内部监督体系没有咬合形成交互促进和协同治理合力的问题。

8.2.2 高校职称评审与教学评价的政策差异：“放”与“办”如何协同

2017 年教育部等五部门联合出台《关于深化高等教育领域简政放权放管结合优化服务改革的若干意见》，开启了高等教育“放管服”改革的序幕。“放管服”改革作为深化政府职能转变以及高等教育治理体系建设的重要举措，对政府、高校来说都是很大的挑战。2019 年全国人民代表大会常务委员会执法检查组《关于检查〈中华人民共和国高等教育法〉实施情况的报告》相关内容指出“通过检查发现，既有地方政府‘放不下’，也有高校‘接不住’的现象”（王晨，2019）。实际上，在全国人大常委会对《高等教育法》开展执法检查之前，学界和实务界关于高校自主办学能力不足的质疑和批判就已经较为普遍，尤其是对于地方普通高校来说如何承接和独立行使政府下放的办学自主权，显得更加艰难和紧迫（贾永堂，2019；姚荣，2020）。

以职称评审领域“放管服”改革为例，2017 年教育部在出台“放管服”改革文件基础上进一步会同人力资源社会保障部出台《高校教师职称评审监管暂行办法》，由高校自主评审、按岗聘用，让高校享有充分的评价人才和使用人才的自主权，同时也明确外部监管主体（教育、人事部门）以及改革方向、职称政策、工作程序、问题处理等方面的重点监管内容。但是，从有关省份部分高校制定的职称评审政策相关条款对比来看，在“放”与“接”、“管”与“督”的协同层面还是有待提升。

以广东省部分高校为例，对比18所不同类型高校职称评审政策有关教学科研型（人文社科类）评审的教育教学质量（水平）必备条件来看，存在以下四个方面的差异（见表8-1）：(1) 关于教学质量（水平）衡量跨度年限要求方面，总体上分为“近三年”“近五年”或“任现职以来”三类，这一时间长短可以判断前置条件的严格程度，时间越短相对越严；(2) 关于教育教学质量（水平）评判标准，总体上大致可以分为“课堂教学学生评价成绩”“课堂教学学生评价成绩或校级督导评价结果”“课堂教学质量综合评价成绩”“综合评价”四大类，其中“综合评价”又可以进一步细分为“教学成果及竞赛（含指导学生）获奖（荣誉）替代或折算”“‘教学+科研’成果及竞赛（含指导学生）获奖（荣誉）替代或折算”；(3) 关于以教学评价成绩为条件的衡量标准划分，可以分为“按照分数划分（如多数为85分以上）”“按照排名划分（结合累计年限的前置条件而标准不一）”“按照学校自主确定的良好及优秀等级次数划分（具体标准不详）”；(4) 关于教育教学质量（水平）衡量的“综合评价”中有关“教学成果及竞赛（含指导学生）获奖（荣誉）替代或折算”内容，多数学校倾向于教学相关领域，少数学校将科研一并统计，具体折算或替代标准也有一定差别。

表8-1 广东省部分高校教授职称评审教学质量（水平）基本条件比较

类型	学校	教育教学质量（水平）评判条件
一般本科院校（无硕士点）	1	近3年累计有4个学期以上进入本单位学生评教成绩前70%
	2	任现职以来（近5年）全日制课程课堂教学质量评估有2个学期在本单位前50%

续表

类型	学校	教育教学质量（水平）评判条件
一般本科院校（无硕士点）	3	任现职以来，有 1 次以上年度教育教学质量评估被评为优秀且平均分在本单位 50% 以内
	4	课堂教学质量综合考评优良（以学校课堂教学质量评价有关办法为依据）
	5	具有良好的教育教学能力，系统主讲过 2 门以上全日制本科生课程，年均教学工作量不少于 120 课时，任现职以来教学工作综合评价良好以上
	6	超额完成规定教学工作量，教学效果好，有 2 次以上年度教育教学业绩考核为优秀，或其他教学、科研、获奖及指导学生竞赛等获奖等级替代选项
	7	任现职以来课堂教学质量年度考核均为良好以上，且至少有一次为优秀。获得校级教学观摩竞赛一等奖及更高级别教学竞赛奖励，可以折算课堂教学质量年度考核优秀 1 次；以第一指导老师指导学生参加省部级竞赛获得一等奖或国家级竞赛获得二等奖奖励，可以折算课堂教学质量年度考核优秀 2 次；以第一指导老师指导学生参加省部级竞赛获得二等奖或国家级竞赛获三等奖奖励，可以折算课堂教学质量年度考核优秀 1 次
硕士学位点高校	8	近 5 年课堂教学质量评价至少有 3 个学期位于系部排名前 60%
	9	获得 1 次校级以上教学奖励（含“教学质量优秀奖”）；或获校级以上教学名师称号；或获校级中青年教师教学竞赛“十佳”称号；或获校级教学成果奖特等奖或一等奖（前 3 名）、二等奖（第 1 名）；或获省部级教学成果奖二等奖以上（前 5 名）；或获国家级教学成果奖（有奖励证书者）；或作为第一指导教师指导学生参加本专学科竞赛获得省级三等奖以上奖励
	10	近 3 年评教得分平均达到本教学单位排名的前 80%；或任现职以来，获校级及以上教学名师称号；或获得南粤优秀教师；或入选省优秀青年教师培养计划；或获校级教学成果奖（一等奖主要完成人排前 3 名，二等奖第 2 完成人），或获省部级教学成果奖二等奖及以上（前 5 名）；或获国家级教学成果奖（有奖励证书者）
	11	任现职以来至少有一半及以上学期学生评教平均分排在本学院前 40%，或获得课堂教学质量优秀 3 次及以上，或校级督导评价优秀及以上（教学科研型）；任现职以来至少有一半及以上学期学生评教平均分排在本学院前 80% 或获得教学质量优秀 1 次及以上，或校级督导评价合格及以上（科研教学型）
	12	近三年来评教得分原则上均达到本单位排名前 50%，教学质量评价均为良好以上，且任现职以来须有 1 年以上评价为优秀；或获校级以上教学名师称号；或获校级教学成果奖（第 1 名）；或获省部级教学成果奖二等奖以上（前 4 名）；或获国家级教学成果奖（有奖励证书者）

续表

类型	学校	教育教学质量（水平）评判条件
硕士学位点高校	13	年均授课300见面学时以上且有两次教学质量评价优秀的，论文、著作6篇（部）；年均授课180～299见面学时且有一次教学质量评价优秀的，论文、著作7篇（部）；年均授课60～179见面学时且有一次教学质量评价优秀的，论文、著作8篇（部）。其中权威期刊论文数应达到规定条件的1/2
博士学位点高校	14	近3年以来每年教学质量评价达到本单位排名前80%或评教分数85分以上
	15	本科课程课堂教学质量评估在本单位前80%或85分以上
	16	年度教育教学质量评估三次以上优秀或其他教学、科研及获奖等替代选项（篇幅过长，略）
	17	本科课程课堂教学质量评估在前30%或平均分85分以上
	18	任现职以来，累计50%以上本科生课程教学评价成绩不能排名后30%
“放管服”改革前省里统一标准		任现职期间，完成学校规定的教学工作量，且具备下列条件之一：(1) 超额完成学校规定的教学工作量，教学效果好，有3次以上年度教育教学质量评估被评为优秀；(2) 在教学研究上有较深的造诣，获国家级优秀教学成果奖；或获省（部）级优秀教学成果二等奖（前3名）；(3) 获国家自然科学奖、科技进步奖、发明奖、星火奖或国家级的社会科学奖及其他专业奖项，或获省（部）级上述有关奖项三等奖以上（前3名）；(4) 作为主要参加者完成或承担省（部）级科研（课题）1项（前3名，项目已完成或取得阶段性成果）；(5) 本人主持的科研成果通过省（部）级鉴定，已推广应用，获得较大的社会经济效益；(6) 艺术类专业人员参加或作品入选由省级以上的专业部门组织的有较高艺术水平的音乐会、展览会等；或主持过大型项目的设计；或培养的学生在省级以上的专业（专项）比赛中获二等奖以上；(7) 被评为市（厅）级以上劳动模范或省高教系统优秀教师

注：(1) 以上资料来源于2018年“放管服”改革实施后广东省人社厅网站备案方案（个别学校新修订按新修订标准）；(2) 以上条件针对申报对象类型为教学科研型（人文社科类）（部分学校未分类，则视同统一标准）。

从上述差异对比来看，可以大致归纳为以下特点：(1) 博、硕士点高校在教育教学质量（水平）衡量标准上相对宽松，原因可能在于这类学校为了鼓励教师科研而放宽教学衡量标准；(2) 没有硕士点的一般本科院校在教育教学质量（水平）衡量标准上相对严格，原因可能是这类学校没有硕士点使得办学重心相对于博士、硕士点高校而言倾向教学多一些；(3) 从硕士点高校教育教学质量（水平）衡量标准来看，相对于博士点高校倾向于教学，但严格程度又比一般本科院校低；（4）从同一层次的学校相互比较来看，在宽严程度上也有不同程度的差别。

从表8－1具体条件差别及比较结果来看，高校自主开展职称评审都相应建立教学型、科研型、教学科研型等分类评价标准，总体符合“放管服”改革有关文件精神。但是，从上述高校职称政策条款对比差异来看，还是存在一些问题需要进一步考量或完善：（1）整体上来看，不同层次类别高校之间以及同一层次高校之间“百花齐放、百家争鸣”的差异是否客观合理，制定的依据是否充分？（2）同一层次类型学校条件宽严迥异，对教师是否公平？（3）针对同一类型（教学科研型）的评审条件，部分学校摒弃改革前省里的综合评价思路，改为以学生课堂评价成绩为主要依据甚至是唯一依据，是否合理？（4）上述存在的有关值得商榷或进一步改进的地方，省级主管部门是否需要监督或者出台相关的指导性分类标准给予参考，督促高校制定合理的评审政策？另外，针对其中第三点，前面有关章节已经深入分析过学生评教与刚性制度深度关联导致的“评人而非评教”“以评促分而非以评促教”“教学相‘涨’”等现象以及进一步影响到学校整体的教学文化生态异化及教学质量下降问题，如果不能及时纠正，那么对于教师而言有失公平公正。况且教育部2016年出台《关于深化高校教师考核评价制度改革的指导意见》文件就已经提出“学校应实行教师自评、学生评价、同行评价、督导评价等多种形式相结合的教学质量综合评价”，而少数高校至今还沿袭以学生为单一评价主体的评价方式，那么“放管服”改革后是否还需要监督对此类相关政策的执行情况？以上这些问题，都需要从政府“放”的角度和高校“接”的角度，进一步做好衔接和协同。尤其是对于一些新建地方本科院校来说，经验相对不足，不能仅仅只是按照“接得住”的标准来要求，还要进一步“接得好”才行。同样，有关主管部门在放权的同时，必须加强监管，才能走出“一放就乱、一乱就收、一收就死”的怪圈（王定华，2017）。

8.2.3 省级社科项目申报管理的政策差异："放"与"服"如何协同

高等院校的重要职能之一就是从事科学研究，在区域创新主体中具有独特的知识和人才优势，是实施创新驱动发展战略、建设创新型国家的重要力量。为此，"十二五"以来，在"放管服"改革背景下，国家针对科技领域发布系列重要改革举措，包括优化科研管理体制提升科研绩效，深化项目评审、人才评价、机构评估机制，赋予科研机构和人员更大自主权等，取得良好效果。自然科学以及科技计划领域"放管服"改革推进得比较深入，但是哲学社会科学领域作为科学研究体系的重要组成部分却相对不够重视。由于哲学社会科学领域研究的特殊性，因此其科研管理"放管服"不能够是简单地放，而是集中有限精力去管，同时以市场化理念加强服务建设，释放高校哲学社会科学发展的活力和创造力（蓝满榆，2020）。

国家社会科学及自然科学项目有关限项规定比较容易理解，原因在于项目重要性以及研究质量要求相对高，所以对限项标准作出统一规定，但省级层面的限项规定如何呢？在梳理 29 个省（自治区、直辖市）省级社会科学基金申报资格有关限项条款（见表 8－2）基础上，通过对比可以发现差异较大，大致可以归纳为以下三点：（1）关于是否限制在研教育部人文社科项目的，明确限制的有 13 个地区，部分限制的有 3 个地区，不做限制的有 12 个地区；（2）关于是否限制在研省级社会科学项目的，基本达成一致，26 个地区限制，2 个地区不限制；（3）关于是否限制在研省级自然科学（含科技计划及软科学）项目的，明确限制的地区有 9 个，部分限制的地区有 2 个，不做限制的地区有 17 个。从上述差异对比来看，各地区标准不一。对于有在研国家级社会科学及自然科学项目研究的，鉴于项目重要性和重大性等特征，为了保障在研国家级项目研究质量限制负责人申报合乎逻辑，在研教育部项目相对来说也具有一定的合理性和逻辑性，但对于只有省级自然科学领域项目在研的项目负责人却要限制申报，是否有足够的依据和客观的逻辑，是否一定程度上会抑制高校教师从事哲学社会科学研究的积极性，是否与当前国家鼓励高校开展哲学社会科学研究的时代背景相背离，这些问题都是值得商榷的。另外，在梳理过程中，还发现以下一些现象或问题值得商榷或深思：一是项目管理办法陈旧，不能结合时代背景革新，仅仅有 6 个地区近几年出台新的管理办法，而有部分地区超过 15 年没有更新过相应的管理办法，相应的限项规定也是沿用 10 余年而未结合实际情况修改；二是从高校履行项目主管部门下放的形式审查权来看，原本基于省级层面自然科学、社会科学领域立项项目数据库共享一查便知是否符合限项规定的工作，却分配给所有高校来承担，一定程度上造成社会资源的浪费；三是因政策文件陈旧及规定条款不够清晰明确等导致的漏洞，使得存在高校不一定完全按照规定履行审查职能的可能性。因此，基于当前“放管服”改革背景，在推动高校科学研究和哲学社会科学研究发展方面，需要结合时代背景与时俱进地完善科研项目管理相关规章制度（比如省级层面打通相关部门业务分离的项目数据壁垒，授予相应级别的权限；再如关于限项规定是否要考虑省内地区发展差异采取分类政策而不是“一刀切”的模式，适当放宽哲学社会科学发展薄弱地区高校的申报条件），同时也要摆脱简单的“政策治理”思维和“一刀切”模式，尽可能地做好管理、服务以及监督职能，使得“放”与“服”、“放”与“接”更好地协同。

表 8－2　省级社会科学基金申报资格限制条件比较（不含专项及委托项目）

序号	地区	项目负责人申报资格限制范围（在研项目条款）	省级在研项目限制领域		教育部社会科学在研项目是否限制	条款出处（最新）
			社会科学	自然科学		
1	上海	在研国家社会科学基金项目、国家自然科学基金项目、市社会科学规划课题以及其他国家级、省部级课题负责人不能申请新的市社会科学规划课题	√	√	√	申报指南（2021）

续表

序号	地区	项目负责人申报资格限制范围（在研项目条款）	省级在研项目限制领域		教育部社会科学在研项目是否限制	条款出处（最新）
			社会科学	自然科学		
2	重庆	承担国家社会科学基金项目、国家自然科学基金项目、各类重庆市社会科学规划项目尚未结项的不能申报；获得省部级及以上立项资助的不能申报	√	√	√	申报通知（2021）
3	广东	在研国家社会科学基金项目、国家自然科学基金项目的负责人（包括子课题负责人）、全国教育科学规划课题、中央各部委项目的负责人（包括子课题负责人）、省社会科学规划项目、省自然科学基金项目、其他省部级科研项目负责人不能申报	√	√	√	申报通知（2021）
4	湖南	在研的国家社会科学基金项目、省社会科学基金项目以及其他省级科研项目负责人不能申报	√	√	√	申报通知（2020）
5	福建	在研的省部级以上（含）各类纵向项目负责人不得申报	√	√	√	申报通知（2021）
6	云南	国家级、省部级各类研究项目未结项的项目负责人不能申请省社会科学规划项目	√	√	√	管理办法（2020）
7	青海	正在主持国家社会科学基金项目、省级社会科学规划项目、新型智库项目以及其他省部级以上项目人员不得申报	√	√	√	申报通知（2021）
8	宁夏	正在主持国家社会科学基金项目、自治区社会科学规划项目及其他省部级以上项目的人员不得申报	√	√	√	申报通知（2021）
9	陕西	在研的国家级和省级项目负责人不能申报	√	√	√	申报通知（2021）
10	北京	有在研项目的北京市社会科学基金项目负责人（以结项证书标注日期为准）不能申报	√	×	×	申报通知（2021）

续表

序号	地区	项目负责人申报资格限制范围（在研项目条款）	省级在研项目限制领域		教育部社会科学在研项目是否限制	条款出处（最新）
			社会科学	自然科学		
11	天津	在研国家社会科学基金项目、国家自然科学基金项目、教育部人文社会科学项目、全国教育科学规划项目、全国艺术科学规划项目，或在研市社会科学规划年度项目、委托项目、市艺术规划项目的负责人一概不得申报	√	×	√	申报通知（2020）
12	浙江	未完成所承担省部级以上（含）社会科学基金项目的负责人（除承接省社会科学规划办直接委托研究或因研究需要特殊约定的课题之外），不得申报	√	×	√	管理办法（2020）
13	江苏	有在研（申报截止日期前未获批准结项）国家、省社会科学基金项目的负责人，不得申报新项目，但申报重大项目、特别委托项目、专题研究项目的除外	√	×	×	管理办法（2021）
14	江西	已承担国家社会科学基金各类项目、省社会科学基金各类项目（包括重大项目、年度项目、青年博士基金项目、地区基金项目和其他纳入省社会科学基金项目管理的各类专项等）尚未结项的负责人不能申报	√	×	×	申报通知（2021）
15	四川	申请人承担的省社会科学项目尚未结项的不能申报	√	×	×	申报通知（2021）
16	安徽	除重大项目外，在研国家社会科学基金项目、省社会科学规划项目的负责人不得申报	√	×	×	申报通知（2021）
17	山东	承担的国家社会科学基金项目、教育部项目和省社会科学规划研究项目尚未完成的，不能作为负责人申报新的项目	√	×	√	申报通知（2021）
18	河北	在研省社会科学基金项目负责人不能申报；已获得省部级（含）以上资助的选题，不得以基本相同的内容再申请省社会科学基金项目	√	×	×	申报通知（2021）

续表

序号	地区	项目负责人申报资格限制范围（在研项目条款）	省级在研项目限制领域		教育部社会科学在研项目是否限制	条款出处（最新）
			社会科学	自然科学		
19	河南	在研的国家社会科学基金项目、省社会科学规划项目的项目负责人，以及当年结项的省社会科学规划项目的负责人，不得作为申请人申请当年省社会科学规划项目	√	×	×	管理办法（2018）
20	广西	在研的国家社会科学基金项目、广西社会科学课题负责人不能申请新的广西社会科学课题	√	×	×	申报通知（2021）
21	山西	在研的国家社会科学基金项目、教育部人文社会科学研究项目及省社会科学规划课题负责人不能参加一般课题申报（重点课题、委托课题、专项课题不受此限制）	√	×	√	申报通知（2020）
22	黑龙江	在研未结题的国家和省社会科学规划项目负责人不能申报	√	×	×	申报通知（2021）
23	吉林	正在承担国家或省社会科学基金项目的负责人不得申报；在研“省级科研专项”（……略）项目达到2项及以上的项目负责人以及达到1项及以上的高等学校、科研机构和企业负责人不得申报	√	×（√）部分限制	×（√）部分限制	申报通知（2021）
24	辽宁	申请主持的国家社会科学基金项目和省社会科学基金项目未结项者不得申报	√	×	×	申报通知（2020）
25	海南	在研国家社会科学基金项目、省社会科学规划课题负责人不能申报	√	×	×	申报通知（2021）
26	内蒙古	在研的省社会科学类项目不能申报；当年获得其他省级以上资助的项目主持人不能申报	√	×（√）部分限制	×（√）部分限制	管理办法（2021）
27	甘肃	在研国家社会科学基金及省社会科学规划项目负责人不能申报	√	×	×（√）部分限制	管理办法（2018）

续表

序号	地区	项目负责人申报资格限制范围（在研项目条款）	省级在研项目限制领域		教育部社会科学在研项目是否限制	条款出处（最新）
			社会科学	自然科学		
28	湖北	不得以在研或已结项的省部级以上科研项目研究成果申请省社会科学基金一般项目（后期资助项目）	×	×	×	申报通知（2021）
29	贵州	在研国家级、省级课题负责人，只要符合职称、年龄及相关条件，均可申报本次省课题	×	×	×	申报通知（2021）

注：(1) 统计地区未包括西藏、新疆（因资料获取有限或不完整）；(2) "√" 代表限制，"×" 代表不限制，"×(√)" 代表局部或部分限制。

第9章　高等教育与区域经济高质量发展协同的治理策略

9.1　高等教育与区域经济协调发展的省域统筹及协同治理

9.1.1　高等教育与区域经济发展的循环累积路径及“扩散—回波”效应

高等教育作为人力资本结构优化、社会经济结构调整、产业转型升级以及区域创新体系建设的重要因素或载体，为社会经济发展做出重大贡献。但是，高等教育发展程度越高并不必然促进区域经济高质量发展。广东省珠三角地区与粤东西北地区的发展差异及非均衡现象，实际上是中国东、中、西部发展差异的区域格局缩影。根据前面相关章节提到的区域经济发展差异的“倒U型”理论以及区域发展实践过程形成的“马太效应”困境可知，经济活动的空间极化是经济发展初期以及非均衡发展模式不可避免的结果，但这种区域差距结果并不能通过市场化的趋同机制实现自我修正，除了地缘优势、资源禀赋、梯度推移粘性以及互为因果的“马太效应”等因素，还有一个重要的因素就是高等教育提供的人力资本、知识与创新三大要素具有收益递增性特征，因此在发展过程中能够形成“累积性因果循环机制及效应”，由此使得发展初期积累的优势不断扩大并最终产生“极化和集聚效应”（“回波效应”大于“扩散效应”），而与此相对应的则是落后地区陷入“贫困恶性循环机制及效应”（见图 9－1）。

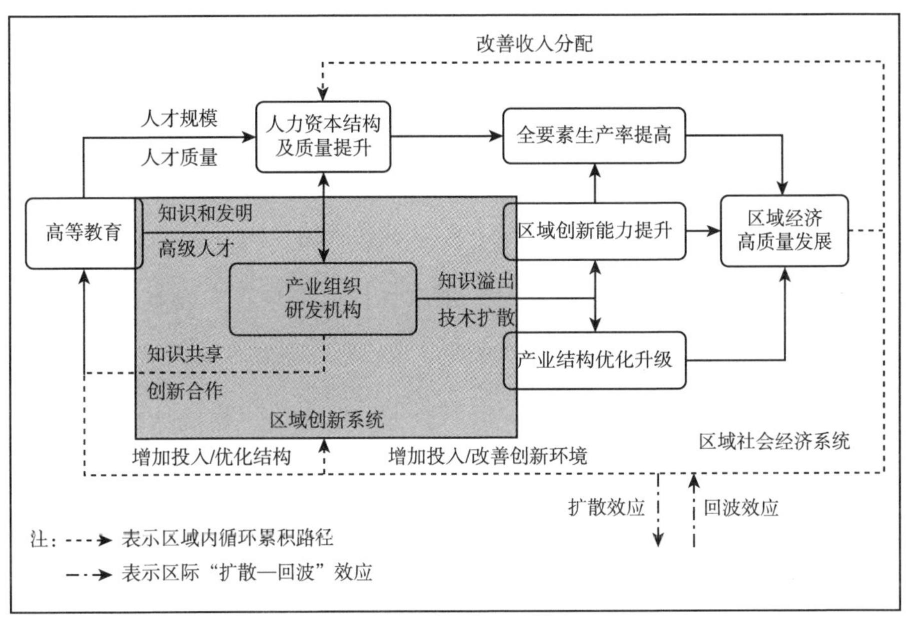

图 9－1　高等教育与区域经济发展的循环累积路径及“扩散—回波”效应

结合前述章节分析的广东、江苏、浙江三省 GDP 总量与人均 GDP 2010～2019 年的变化趋势以及广东省内部区域差距可知，尽管广东省珠三角地区这一增长极对粤东西北地区产生一定扩散效应并推动了珠三角周边地区的发展，但更为明显的还是处于“回波效应”大于“扩散效应”的状态，正如学者指出的“市场在促进区域均衡方面的作用是有限而且迟滞的”（罗浩，2006）。因此，基于政府来说，必须立足于省域统筹的视角，通过适当、适度的政策引导和调控，提高二者的协调匹配程度，促进高等教育与区域经济相互之间以及内部的协调发展。

9.1.2 区域经济发展不均衡的政策治理实践及提升空间

在新发展阶段，面对高等教育和区域经济协调发展及可持续发展的目标，如何打破非均衡发展模式路径依赖和区域发展不平衡不充分的困境成为广东省的一大难题，尤其是粤港澳大湾区的建设，给这种困境的破局带来机遇的同时也带来更大的挑战。为此，基于区域发展不均衡不充分的突出省情和高质量发展的现实困境，着力增强珠三角地区辐射带动能力及东西两翼地区和北部生态发展区内生发展动力，中共广东省委、广东省政府于 2019 年出台《关于构建“一核一带一区”区域发展新格局促进全省区域协调发展的意见》。从短期来看，截至目前已经取得一定成效，但主要体现在资源投入、公共基础设施、平台建设等方面，部分政策措施还有待进一步落实和细化。同时，长期以来的非均衡发展模式，在经济先（后）发优（劣）势、资源禀赋、地缘优（劣）势等因素的综合影响下，珠三角地区这一增长极向粤东西北地区的梯度推移能力和扩散效应有限，而粤港澳大湾区建设背景下的虹吸效应有可能进一步抑制这种梯度推移能力以及扩散效应的提升。

为此，需要从省级层面建立健全战略统筹、政策调控、发展保障机制以及区际互助和利益补偿机制，贯彻落实《关于构建“一核一带一区”区域发展新格局　促进全省区域协调发展的意见》文件精神，强化土地、资金、人才、创新等政策支撑，统筹区域产业布局和要素资源配置，加快形成统筹有力、竞争有序、绿色协调、共享共赢的区域协调发展新机制。在加快推进区域重大基础设施建设、创新平台及体系建设的同时，提升区域开放程度及合作水平，积极推动引进港澳高等学校、科研院所到东西两翼地区和北部生态发展区合作办学和设立研发机构，积极推动引进省内外高等学校、科研院所等到东西两翼地区和北部生态发展区创建分校或分院，积极支持东西两翼地区和北部生态发展区引进培养创新创业团队和紧缺拔尖人才、实施人才知识技能提升工程，将校企合作、校地合作、校校合作以及产业学院、创新团队、人才工程建设等创新合作模式嵌入本地区域创新体系以及区际区域创新体系中，形成更大范围、更深层次的协同合作和协调发展的创新生态圈，促进创新资源和创新人才向东西两翼地区和北部生态发展区集聚，解决欠发达地区教育链、人才链与产业链、创新链不协调的问题，进一步提升欠发达地区的内生发展驱动力不足问题。同时，在新发展格局的推进过程中，由于东西两翼沿海经济带的区位优势、资源优势以及发展定位的政策优势，相对于北部生态发展区可能会有更多的比较优势，因此政策实施过程还需要注意避免北部生态发展区成为新的不均衡态势的代表，就如国家东中西部区域发展战略实施过程在教育、经济等领域存在的“区域塌陷”或“中部塌陷”问题（李琼等，2019；王家庭等，2020；尚伟伟等，2020）。

9.1.3　高等教育促进欠发达地区内生发展动力形成机制需要强化

党的十八大以来，无论是国家层面还是地方政府层面，都将区域均衡协调发展、乡村振兴发展作为重要战略，经过实施也取得系列成效。但是，广东省作为全国区域发展不平衡不充分的典型代表，尽管政府大力实施粤东西北地区振兴发展战略，全省区域差距扩大的趋势有所减缓，但发展差距偏大的格局尚未根本转变，欠发达地区内生发展动力亟待增强。因此，一方面，需要从省级战略统筹视角加强创新资源在粤东西北地区集聚；另一方面，也需要当地地方政府抓住机遇加快推进内生发展动力的形成和提升。

近两年来，广东省粤东西北地区高校振兴计划取得明显成效。据广东省2021年全省教育工作会议有关精神显示，2021年广东将有11所高校（校区）建成招生，其中9所落户粤东西北地区，实现地级以上市本科高校（校区）、高职院校全覆盖。但是，欠发达地区高等教育布局结构、规模提升只是高等教育区域协调发展的前提基础，下一步还需要当地地方政府进一步借此契机增强欠发达地区内生发展动力。主要措施包括：一是地方政府需要基于区域整体和长远发展战略视角重视高等教育发展，建立高等教育投入与人才集聚投入的共轭驱动机制，这是应对珠三角“虹吸效应”与本地“人才外溢”现象的有效策略。要深刻认识“人才是第一资源”的要义，制定和完善能够吸引人才、留住人才的各种政策组合，重视教育、医疗、卫生等民生福祉的改善，营造更好的就业环境、营商环境、生活环境等。二是要加强校地、校企合作力度和深度，共建校企融合、产教融合等人才培养模式，协同共建各种产业学院、产学研合作平台和区域创新体系，改变当前高等教育支撑区域重大发展战略和服务地方建设能力不足的现状。三是结合应用型本科高校转型发展的精神，拓展高等院校人力资本创造和提升的功能，与产业、行业联合起来，通过职业教育培训与业界“干中学”有机结合起来，将人力资源存量转化为人力资本或促进现有人力资本结构的高级化。四是从高等学校素质教育和文化传承功能的角度，展开大学生精神文明建设和人文素质培养，陶冶家国情怀，引导和鼓励大学生服务乡村振兴、支援欠发达地区建设以及家乡建设。

9.2 省域高等教育政策演进与区域均衡发展的分层格局及协同治理

9.2.1 省域高等教育驱动经济高质量发展的政策演进

无论是理论研究还是地方实践，结果都已表明，高等教育通过人力资本结构及质量提升、创新合作、知识研究及社会服务等方式推动区域经济增长以及发展质量的提升。那么，从政策角度来说，新时代高等教育驱动区域经济高质量发展的动力机制和作用路径又是如何体现呢？“十二五”以来，面对经济发展新常态以及高等教育规模扩张和质量提升的双重压力，围绕教育强省和人力资源强省的建设目标，广东省在高等教育区域布局结构、层次结构、学科专业结构、人才培养结构以及高等教育分类发展体系、资源配置机制等方面不断改革创新，综合发展实力得到较大提升。从2010~2019年来广东省高等教育政策体系的演化路径来看（见图9-2），经历了从“十二五”初期的“整体突出全面发展，初步确立分类发展”，到“十二五”末期“强化高水平突出质量、兼顾均衡突出特色”，再到“十三五”后期“组团式分类发展体系成型、突出质量和特色、兼顾均衡和可持续”的发展阶段，体现了“分层次、分类别、分区域、分阶段”统筹推进高等教育改革创新促进高等教育强省建设的发展战略，整体上呈现出从分散到协同、从局部到整体、从突出质量到质量与公平并举的政策演化态势与可持续发展路径。

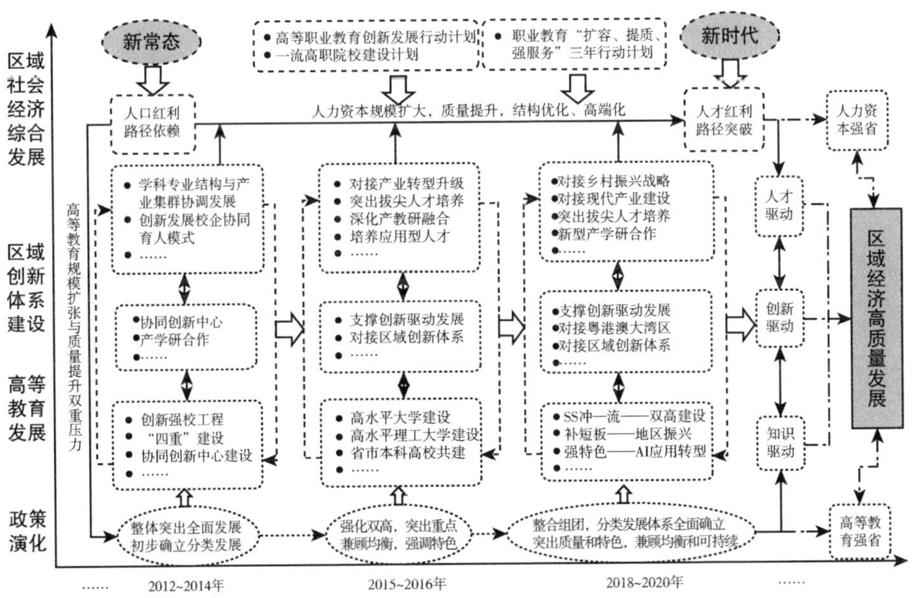

图9-2　省域高等教育驱动经济高质量发展的政策演进及动力机制

从高等教育政策体系演化机理及成效来看，形成了“以创新为动力实现内部质变、以协调为引领实现外部融合、以多元为方向盘活各类资源”推动高等教育强省建设的省域综合发展模式和三大组团分类指导错位发展的具体模式（陈放等，2019），建立了省市共建、结对帮扶推动区域高等教育协调发展的均衡机制，完善了高等教育与产业经济、创新体系建设协调发展推动教育链、人才链与产业链、创新链协调对接的机制，基本畅通了新常态下“人口红利”路径依赖到新发展阶段“人才红利”依赖的突破路径，初步形成高等教育领域推动经济高质量发展的“三大驱动”动力系统（以高质量人力资本供给为导向的人才驱动、以高质量协同创新为导向的创新驱动和以高质量知识创造及供给为导向的知识驱动）。

9.2.2 省域高等教育均衡发展政策的优化空间

经济高质量发展阶段，高等教育省域统筹包括高等教育自身的质量、公平与可持续的协调以及规模、结构与效益的协调，也包括高等教育系统区域的协调以及与区域社会经济系统的协调（贾永堂等，2017）。从 2010 ~ 2019 年来广东省高等教育政策体系的演化过程来看，其中一个特点是政策更迭和交叉现象同时存在，反映地方政府应对国家高等教育发展政策和区域经济社会发展变化及时响应和调整能力的同时，也说明高等教育省域统筹能力不足、统筹协调发展的顶层设计前瞻性不足、政策稳定性与持续性不足，进而导致政策冲突、政策效用弱化等现象。例如，统筹性相对较强的“冲补强”提升计划并未将尚在执行中的普通本科高校转型发展、新师范两项政策纳入框架，原本的省市共建本科高校计划分解到“补短板”和“强特色”两个组团导致政策目标和约束力弱化，现有政策体系下部分高校面临同时应对多个政策不同目标导向和不同评价机制的困境等（孙丽昕等，2019）。

因此，在经济高质量发展阶段，省级政府应当将省域高等教育发展纳入区域发展战略的重要位置，通盘考虑和统筹规划高等教育系统与区域社会经济系统和区域创新系统的协同性、与区域协调发展战略和乡村振兴战略的协调性，确保后续高等教育政策体系框架的前瞻性、兼容性以及具体政策设计的精准性与持续性。另外，尽管当前政策体系考虑到高等教育以及区域经济发展的不平衡不充分问题，出台专项“粤东西北地区高校振兴子计划”，一定程度上有助于缓解这种不平衡不充分的现状，也有助于提高高等教育的公平性，但是，由于粤东西北地区高校受制于现有发展基础、所在地区经济发展程度以及结对帮扶机制制约因素，在当前政策分类发展的指导思想下，“补短板”的高校与“冲一流”、“强特色”这两类高校的发展质量差距有进一步扩大的趋势。这一趋势的扩大，从长远角度来说将会影响这些地区的高校通过人才培养、科学研究、社会服务等途径支撑地方产业经济和社会发展的能力，进而弱化政策预期效果并阻碍区域协调发展战略的实施。因此，在区域经济高质量发展阶段，必须依托前述区域发展新格局的协调发展战略，进一步探索和完善高水平大学跨区域的办学机制以及欠发达地区高等教育投入机制、办学成本分担机制或利益补偿机制。例如，2021 年初广东省将 5 所省市共建高校重新调整为省属高校的办学体制调整，一定程度上反映粤东西北地区部分地方政府的高等教育投入机制因为受制于经济发展程度不高导致的财力有限，以及高等教育外部性导致的投入意愿不足等困境而无法保障或落实不到位。

9.2.3　高等教育组团结对帮扶机制的优化路径

“组团式”结对帮扶政策是借鉴经济发展和脱贫治理领域的“产业共建”“产业帮扶”等政策在高等教育领域的应用及创新发展，对于区域高等教育发展的协调性、公平性具有重要的现实意义。当前，现有的“组团式”结对帮扶政策是发展水平较高的大学选拔组建5人左右的团队（该团队人员结构化水平达到一定程度，在年龄、学历、职务、专业背景等方面有相关要求）进驻到被帮扶高校（发展程度较低的高校），给予一定的行政职务开展工作，主要是根据团队所在高校的经验开展工作，是一种单向的知识、经验的传递，影响和作用有限。同时，由于地方特色，这种帮扶机制效果，也受到不同地域文化、高校文化的冲突而被弱化。因此，还需要进一步完善。一是完善相关政策和协调机制，要求被帮扶高校根据学校发展规划和学科建设需要，组建具有结构化的团队（以教学、学科、科研行政管理骨干为主）进驻到帮扶高校进行为期1~2年的学习交流，形成双向交流机制，打破知识单向传递受阻、文化冲突等制约。二是打破和跨越现有的“高校—高校”结对帮扶组织边界，延伸到被帮扶高校所在地方政府、产业行业，与产学研合作网络、校地合作网络密切结合起来，形成“高校—高校—地方政府—地方产业”跨区域、多层次的合作网络。三是结对对帮扶机制还可以进一步在学科上深入推进和精准施策，在省级层面推动“冲一流”“强特色”的高校与“补短板”的高校建立学科层面的精准帮扶机制。

9.3 高等教育治理体系建设及治理模式选择

9.3.1 高等教育治理模式及治理思想的实践演进

从中国高等教育整体发展来看，改革开放以来高等教育管理模式逐渐从行政管理向治理的方向发展，而治理主体也逐渐从行政管理体制之下的单一外部治理主体一元化（政府）向内外治理结合的多元化方向发展。这一治理模式变迁的实现路径，主要体现在三个层面：一是“统一领导，分级管理”模式下“省域统筹权”的扩大；二是高校办学自主权的扩大；三是社会力量逐渐参与高校办学过程。从历史发展的过程来看，则表现为三个发展阶段：第一阶段（1985～1998年），主要重点在行政管理体制改革上如何理顺政府与高校的关系，治理模式主要还是停留在“政府行政管理为主、大学自主为辅”的“准二元”治理思想，后期在政策术语上开始体现一定程度的“政府、社会及大学”的“多元化”思想；第二阶段（1998～2010年）随着《高等教育法》的出台以及高等教育扩招制度的实施，省级政府和大学相对拥有更多的权力，同时社会也开始有一定的参与度，于是这一时期的治理模式体现出“政府和大学为主，社会为辅”的“准三元”治理思想；第三阶段（2010年至今），无论是从法律层面还是政策层面，都开始围绕政府、社会及大学在高等教育发展过程的关系、责任、权力及义务等逐步深入推进以“放管服”改革和“管办评分离”为核心的治理体系建设，这一阶段发展后期，基于高等教育治理体系建设和治理能力现代化的“构建政府、大学、社会之间新型关系”体现出来的“多元协同共治”治理思想成为超越“加强省级政府高等教育统筹”“推动大学自主办学”，以及“完善社会参与高等教育治理的体制机制”等目标而在更高层次的融合和深化，实践中随着高等教育内涵式发展及综合改革深入，“多元化”治理的结构性特征和“协同共治”趋势将日渐明显。

9.3.2　高等教育治理体系变迁的分析框架及治理逻辑

面对国家强调“四个回归”深化本科教育教学改革，全面提高人才培养能力及高水平人才培养质量的新时代内涵发展要求，面对高等教育发展与新阶段社会经济高质量发展的人才需求以及创新型国家建设的目标，高等教育治理体系建设还需要在治理逻辑和治理理念上进一步厘清。从演化经济学制度变迁理论及生物学生态位理论的视角来看，从微观层面高校教学科研活动及人才培养的主体及实践活动，到中观层面高校多种权力表征的各种职能部门主体及业务活动，再到宏观层面国家或政府的教育发展战略、远景规划以及管理体制，三个层次的结构及其要素构成一个复杂的高等教育生态圈。一定阶段和范围的高等教育治理体系及治理模式就是这个生态圈中制度与文化、政府与高校、高校与社会（市场）、宏观战略与微观实践、组织与个人、外部治理与内部治理等多层级交互影响并共生演化的过程及结果（见图9－3）。

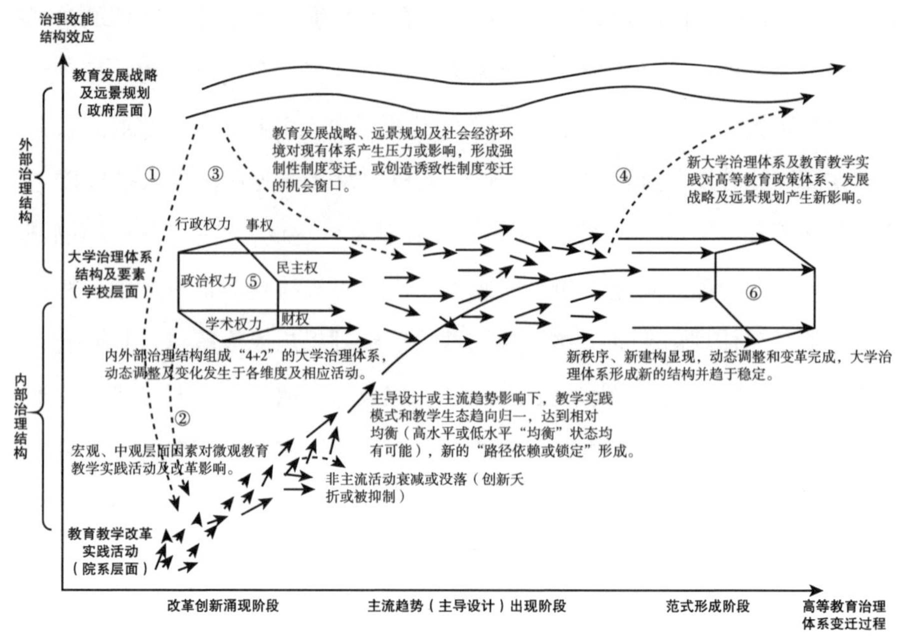

图9－3　高等教育治理体系变迁的多层次分析框架

比较前述章节谈到的西方国家与中国在高等教育治理体系及治理模式上的差别，一个明显的特征就是新中国的高等教育治理体系变迁具有典型的时代性以及中国特色，相应阶段的治理模式，是具有时代性的现实选择，也具有一定的历史必然性，实践中也体现出相应发展阶段不同程度的“适应性效率”。但是，在高等教育规模扩张发展阶段，由于发展方向的“市场逻辑”

主导以及治理方向的“行政化逻辑”沿袭，使得高等教育发达国家相关的“精英逻辑”和“专家逻辑”治理经验没有得到合理的借鉴，甚至在本土化过程“水土不服”产生异化现象，实践中也是更多地注重规模扩张的资源配置效率和短期效益而对制度结构性效率及长期绩效不够重视，由此带来各种现实问题或困境，进而导致制度的“适应性效率”不高。世界经济合作与发展组织（Organization for Economic Co-operation and Development，OECD）指出，“高等教育机构需要在学术使命和服务社会、获取资助和保持传统价值之间实现一种创造性的平衡”（OECD，2018），如果高等教育治理过度被市场逻辑主导，将对大学自治及其服务公众的使命造成严重损害，正如国外学者指出“市场逻辑带来的绝大部分的收益是物质性的、可量化的、有价值的，失去的是无形的、不可量化的，一定意义上是无价的”（盖格，2013），实际上这种“失去”就包括大学文化、大学精神及大学价值被侵蚀或扭曲。因此，高等教育治理过程需要利用市场规则来激发高等教育活力及治理结构均衡性的同时，也要以国家或政府力量保障大学履行公共使命（冯磊，2021）。

在新时代和新发展阶段，重视提升高等教育治理体系的“适应性效率”和长期制度绩效，从治理逻辑来说需要注意以下四个方面：一是将治理体系建设及治理模式选择与时代背景及中国特色充分结合，进一步加强党的领导并完善党委领导下的校长负责制，充分利用制度体系优势将中国特色的高等教育治理体系实现“有效市场”与“有为政府”的协同；二是完善高等教育法治体系，进一步落实大学法人地位，在扩大大学办学自主权的同时深入推进依法治校；三是相关治理主体的决策者、管理者及组织机构在治理思维上需要具有系统观、全局观和战略观的视野，突破原有的传统“政策治理”或“行政管理”思维，提升应对环境变化或问题产生而具备能够修正、调整或改变现状的能力及适应性；四是进一步基于系统性思维、整体性思维、协同性思维，在多元化主体结构性要素（如社会、行业等）及运行机制（参议、监督、法治等）等方面进行完善。

9.3.3 高等教育治理的多层共生结构及均衡治理模式

无论是从高等教育治理理论演进下的“利益相关者多元（共同）治理理论”到“关键利益相关者参与治理理论”以及“均衡器治理理论”，还是治理范畴及边界从“市场—学术—政府”延伸为“国家—大学—社会”，抑或是实践中的“协调三角形”模式、“五维协同共治”模式、“多方参与 + 多层级协同”模式以及治理逻辑中有关“市场逻辑”从崇尚到评判的转变，都说明高等教育治理体系的多层多元结构特征及复合共治的国际趋同，同时也说明何种模式的选择都具有一定的时代性和本土性。因此，在比较国际上两种主流的治理模式（类市场化治理模式、准市场化治理模式）基础上（张应强等，2018），结合前述高等教育治理体系变迁的多层次分析框架思想（见图 9 -3），在推进中国高等教育治理体系建设及治理能力现代化过程中，需要将中国特色和现实困境结合起来构建多层共生治理结构、动态均衡治理模式以及协同治理与相机治理相结合的运行机制（简称“多层共生动态均衡治理模式”）（见表 9 -1）。这一模式，立足于当前中国高等教育体系结构现状、高等教育领域“放管服”改革实践以及前述章节提到的系列困境或问题，综合借鉴“制度变迁及适应性效率”的多层次共生演化思想、“关键利益相关者参与治理理论”下关键利益相关者形成的多权力中心、“均衡器治理理论”的相机治理思想、国有企业治理模式以及复合共治的国际趋同经验。“多层共生”是指两大治理体系及相应的治理结构具有一定程度及范围的嵌入性：一是围绕“放管服”改革及“管办评”分离路径形成的高等教育外部治理体系及结构，治理主体主要包括政府（主管部门、监管部门等）、高校、市场（产业经济界利益代表、社会公众利益代表、第三方评估机构及监督机构等），权力中心主要体现以政府为中心的监督管理权、以高校为中心的自治权以及以社会关键利益代表为中心的民主监督权；二是围绕高校自主办学形成的高校内部治理体系及结构，治理主体包括政府、高校、教职工及学生、社会公众利益代表，权力中心主要体现为政治权力（党委领导）、行政权力（校长负责制）、学术权力（学术委员会）、民主权力（教职工及学生）、监督权力（校内监督与校外监督）；三是基于一定程度的内外部协同治理以及协同监督而形成多层嵌套及共生关系，包括业务层面纵横向关系形成的嵌套结构以及监督体系纵横向关系形成的嵌套结构。“动态均衡治理机制”包括：一是建立在多元化的治理结构主体特征基础上，依托制度化、程序化、法治化的制衡原则及常态化治理路径形成的多元化协同治理机制；二是建立在内外多层级治理结构特征基础上，依托上下级权力运行体系和内外部权力监督体系协同构成闭环监督的制衡原则及动态化治理路径而形成的相机治理机制；三是基于内外治理体系阶段性“适应性效率”的动态均衡治理过程，发挥制度体系优势进而实现“有效市场”与“有为政府”协同的统筹协调机制。

表 9-1　　高等教育治理模式的类型及比较

治理要素	类市场化治理模式	准市场化治理模式	多层共生动态均衡治理模式
治理理念	从统治转向治理	从治理转向共治	从共治转向良法善治
治理主体	主体单一 政府为主，市场为辅	主体多元 市场为主，政府为辅	多元多层主体 政府、高校、社会共生
治理机制	行政管理机制为主	市场竞争机制为主	“有效市场+有为政府”协同
治理工具	政府政策为主	法律法规为主	法治为根，专业为基
治理特征	静态，政策治理	动态，市场治理	动态均衡，协同共治
权力结构	集权为主，适当分权	多元权力，单中心	多权力中心，分层嵌套

多层共生动态均衡治理模式相比于类市场化治理模式、准市场化治理模式，既具有问题导向的静态治理效用，也有相机决策的动态治理演进，有利

于当前高等教育各领域及层级相关问题的治理，尤其是有利于突破内外部治理的协同困境，更适合当前高等教育综合改革推进下的系统性和整体性治理。第一，新时代中国特色社会主义经济高质量发展目标下，高等教育的高质量发展要求不仅仅体现在传统的公平和质量，还体现在发展质量的共享以及更可持续、更加协调、更加充分的发展，从这个角度来说高等教育治理的目标也就是在坚持中国共产党的领导、中国特色社会主义教育发展道路以及社会主义办学方向下办出人民更加满意的高等教育。第二，基于中国特色社会主义经济高质量发展的内涵以及高等教育治理的目标，鉴于当前区域社会经济发展不协调不充分的现实困境的解决有赖于高等教育高质量发展的内生驱动逻辑，加强党对教育的全面领导，坚持发挥制度体系优势将“有为政府”与“有效市场”协同推动高等教育治理体系的优化构建成为历史发展的必然选择。第三，鉴于历史原因形成的中国高等院校学术治理“行政化”、行政权力“漂移化”以及二者交互影响产生的“泛行政化”及“学术权贵”圈层文化等现实困境，单一的“精英逻辑”“专家逻辑”“科层逻辑”“市场逻辑”等治理逻辑均无法适应现实中的中国高等教育发展及治理。因此，一方面，需要进一步完善法律法规，强化高等教育的法治基础，将“法治”作为“元治理”（治理的治理）；另一方面，要进一步改革大学校长职能定位，向专业化、职业化方向发展。第四，鉴于“放管服”改革不断深入、高校办学自主权不断扩大的时代背景及发展趋势，高校廉政建设、内部控制建设及贪腐治理依然面临较为严峻的形势。因此，在坚持党委领导下的校长负责制基础上，夯实内外部协同的监督体系及督查巡查治理机制自然成为当前高等教育内外协同治理体系建设的现实选择，这是将高等教育内外部治理嵌套结构紧密咬合实现良性互动运行的基础，也有助于高等教育生态圈中的政府、高校及社会形成协同发展、共享发展的“共生演化”局面。第五，针对少数高校政治权力或行政权力“一权独大”导致民主权力和监督权力缺位现象严重及政治生态恶化的高校，主管部门应当根据相机治理的原则，通过约谈、问责、人事调整以及督查、巡查等方式加强管控，从外部打破原有的低效均衡和锁定状态，引导高校重构内部治理体系并形成良好的内部治理格局。

9.4 高等学校治理体系建设及实现路径

9.4.1 高等学校内控体系建设与廉政风险防范

党的十八大以来，为进一步提高行政事业单位内部管理水平，规范内部控制，确保财政资金管理和使用的合法性、合规性、有效性，财政部启动行政事业单位内部控制建设工作，最终目的是要行政事业单位建立健全内部控制体系并覆盖单位经济和业务活动的全范围，贯穿内部权力运行的决策、执行和监督全过程，规范单位内部各层级的全体人员。从内部控制、财政治理及国家治理体系建设的关系来看，内部控制是财政效率治理与财经违规违纪问题治理的重要手段，也是行政事业单位治理体系建设的重要内容，与绩效管理、会计管理以及财经法律法规制度体系共同构成现代财政治理体系的基石（见图 9－4）。

但是，结合政府相关部门对有关高校开展的审计报告、巡视检查披露的问题以及前述案例分析中党的十八大以来被查处的不完全统计的高校省管领导干部相关贪腐或违规违纪问题来看，说明有些高校管理者缺乏风险意识和风险管理理念、对内部控制建设不够重视且存在形式主义问题，同时也说明有些高校内部控制建设在领导层面的权力制衡与监督机制方面存在缺失或“不到位”问题，进一步反映有些高校内部控制建设与高校内部治理体系建设脱节，最终导致“把权力关进制度笼子里”的“不能腐”机制缺失，进而使得“不敢腐”“不能腐”“不愿腐”不能形成协同治理效应。从高校内控

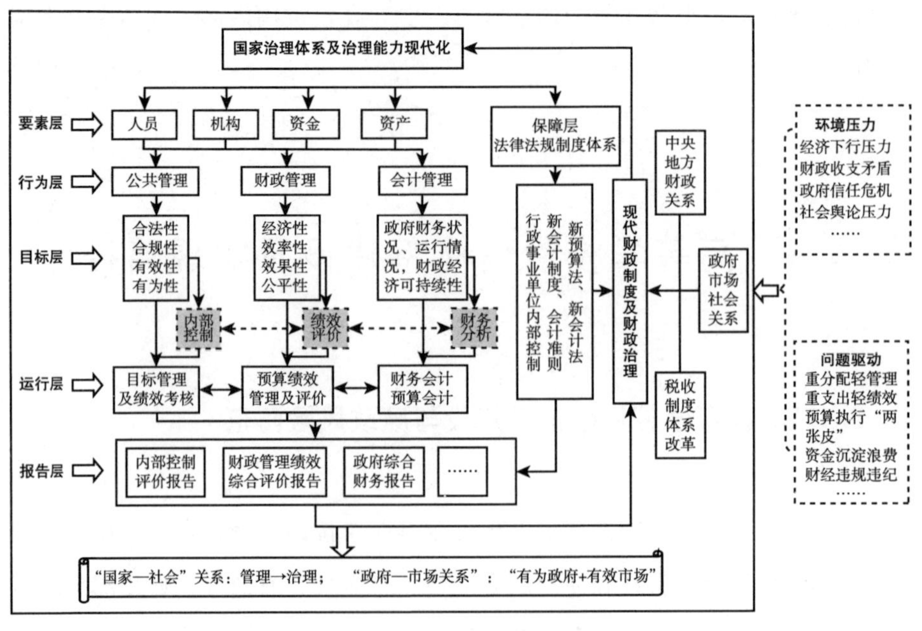

图 9－4 内部控制、财政治理与国家治理体系建设

建设实践来看，有些高校聘请第三方（会计师事务所、咨询公司）建立了一套完整的制度流程，但相关成效并不显著。原因在于：第一，在源头设计上存在问题，内部控制建设牵头部门在组织结构上的地位和独立性有待提升，有的高校由财务部门牵头、有的由校办牵头、有的则是纪委牵头，而在建设完成后多数直接隶属校长办公会；第二，内部控制建设的信息化没有充分落实，高校业务领域的系统建设碎片化、信息应用“孤岛化”，不能充分实现数据共享，也没有充分透明的信息公开机制，数字技术和信息系统无法有效支撑内控效能发挥；第三，内控建设的评价考核与监督问责机制无法有效落实和形成合力，内控制度与管理制度以及高校治理体系建设变成“两张皮”或成为应付检查的“墙上制度”。因此，高校内部控制建设应当基于“三大逻辑导向”以及“两大原则”，重点梳理出关键风险点以及风险潜藏的边界（职责不归位、管控不到位、强势越位、弱势缺位等问题产生的领域），然后构建“管理制度化—制度流程化—流程岗位化—岗位职责化—职责表单化—

表单信息化”的内控链条，促进内控过程的无缝链接及有效运作。“三大逻辑导向”包括风险管理的理论逻辑、问题（缺陷）导向的实践逻辑以及权责利明确的问责逻辑（重点是人权、财权、事权），“两大原则”是指横向到边贯穿有关职能部门的业务链以及纵向到底的权利链（从决策到审批到执行到具体经办的权责利）。同时，内部控制体系还必须与高校的内部监督体系（如内部控制审计）、廉政风险防控体系（外部治理体系或外部监督体系）等形成嵌套的闭环体系，保障内控制度落地并贯彻执行，才能确保内部控制不失效（董必荣，2016）。

另外，从前述中央纪委国家监委披露的高校省管干部反腐违规违纪问题来看，总体还是集中在高校财务、招投标、基建后勤、人事、考试招生、合作办学、校办企业、附属医院等高危领域。因此，内部控制建设及实施应当重点围绕这些重点领域和关键风险点展开。同时，从案例反映的校长、副校长问题以及个别窝案问题也可以看出，当前高校内部控制建设无法对决策层进行有力的管控和监督，这也是由于“学术精英治校”模式异化导致廉政风险产生的主要表现（刘尧，2018）。因此，高校内部控制建设在决策层面的权力制衡与约束还应与廉政建设、内部监督体系结合起来，形成立体化、常态化、规范化的风险管控与监督体系。

9.4.2　高等学校治理结构优化与“泛行政化”治理

针对前述章节分析的高等学校“泛行政化”现象产生的根源，可以从以下五个方面加强治理。第一，依法治校是高等教育治理的“元治理”，因此首先要完善高等教育法律法规及大学章程建设，将“高等教育法（依法治校）—大学（大学自治）”“党委领导（政治权力）—校长负责（行政权力）”“大学章程（学校权力）—学术委员会章程（学术权力）”等对应关系的权责利界定清晰，这是高等教育治理结构优化的制度保障。第二，基于上述制度保障，实践中还要重点厘清学校行政权力与学术权力的关系，清晰界定二者之间的效力指向与行为边界，学术权力在于学术决策，而行政权力在于落实学术决策而非干预学术决策（叶逢福，2017）。第三，鉴于当前“学术组织行政化”在有形及无形中的倾向都较为严重，因此应当在成员构成、决议规则等方面采取适当的技术手段控制行政权力泛化和蔓延。第四，高等教育综合改革下政府“放管服”改革和“管办评”分离改革的深入推进，大学内部也应借鉴这种办学思路的调整，让大学重回“学术治理”的大学价值及本源。具体来说，在“高校过度行政化”整体治理层面需要扩大教职工参与学校管理的民主权利，在“学术组织行政化”治理层面需要设置相应的机制让非学术委员会成员的教师代表参与相关学术事务的研究、讨论和协商过程（可以采取有参与权但无表决权的技术手段实现）。第五，建构“多元协同、共治共享”的价值理念和治理文化。

9.4.3 高等学校教学生态治理与综合评价改革

本科教育质量下滑、高校教学文化危机等问题的治理，新时代高等教育内涵式发展的客观要求，使得以课堂教学改革为牵引优化构建全员全过程全方位育人（“三全育人”）体系和协同机制成为地方普通高校的重要抓手，而完善以教学质量评价、业绩考核及职称评审为代表且与教学改革密切相关的激励约束机制，破除由制度缺陷导致“水课”生成的场域压迫是构建“师生互促”教学生态和打造“金课”的现实路径（夏建国等，2020；胡金焱，2020；李华军，2021）。不合理的课堂教学质量评价体系以及相应的结果应用机制容易产生功能异化，无形中成为“三全育人”的壁垒和障碍，弱化专业教育和思想政治教育的效果（李华军，2021）。因此，不论是严格教学管理、加强学风治理，还是把底线标准的“良心活”提升为高质量的“用心活”，必须完善相应的教学质量评价体系以及与评价结果关联的职称评审制度和绩效考核制度。教学质量评价与监控方面，应当优化构建包括学生、同行、督导等主体在内以及过程评价与结果评价、增值评价与开放式评价多种形式相结合的综合评价体系，形成突出过程控制与质量管理协同、“督教、督学、督管”与“导教、导学、导改”协同的教学质量监控与保障体系，有效治理“教学相涨”“以评促分而非促教”“评人而非评教”的评教功能异化现象。在职称评审以及绩效考核制度设计中有关教育教学水平的衡量，应当综合考虑课堂教学质量评价体系无法完全消除的“先天性”缺陷（评价主体的责任心、专业水平、评价角度，评价指标、方法、流程的科学性，评价成绩分数的区分度以及评价权力的监督及约束等众多因素都可能影响评价结果的客观性、公正性、可比性及稳定性等）和“后天性”影响（“先天性”缺陷导致的评教功能异化以及师生“共谋”行为等）（李华军，2021），除了将课堂教学质量评价结果作为依据之一外，还需要遵循人才、教育、科研等领域“破‘五唯’”的评价原则以及《深化新时代教育评价改革总体方案》的政策精神，进一步从育人水平与业务能力等维度健全综合评价体系。

基于“三全育人”的协同思想加强学生思想政治教育与学风治理的横纵联动机制及保障措施，是深入推进课堂教学改革的前提，也是教学文化生态异化现象治理的重要内容。在横纵联动机制方面；一是以学校管理部门为主体的顶层设计和制度规范为导向，强化管理部门（教务处、学生处、评估中心等）的联动及协调职能，优化学分制、学业导师制、课堂教学质量评价等制度体系的设计；二是健全以二级学院为主体的纵深推进和横向联合治理机制，纵深推进治理机制主要是充分发挥二级学院学工管理队伍在学风治理及大学生思想政治教育等方面的作用，横向联合治理机制主要是充分发挥二级学院教学组织与实施队伍在知识传授与价值引领、思想政治教育与专业教育和职业伦理等方面实现有机结合和融合促进的作用。在保障措施方面：一是优化现有的课程考核评价模式及标准体系，提高考核的全面性与科学性；二是夯实课堂教学质量监督、评价及反馈等环节的管控，避免形式主义，从而形成持续改进的闭环管理流程；三是畅通“校—院”两级教学督导意见以及同行评价意见、学生评价意见的实时反馈渠道；四是将思想政治教育和职业素养培养深度融合在知识传授与价值引领、显性教育与隐性教育、通识教育与专业教育等有机结合的人才培养体系中和教育教学环节上，贯通人才培养全方位和全过程。

参考文献

[1] 别敦荣．大学教学改革新思维和新方向 [J]. 中国高教研究，2020 (5)：66－70.

[2] 蔡兵．从熊彼特回到马克思：建设创新型国家需要构建全面创新理论 [J]. 广东行政学院学报，2012，24 (6)：75－79.

[3] 曹荣瑞．高校深化"三全育人"综合改革的关键问题和落实机制 [J]. 思想理论教育，2020 (12)：96－101.

[4] 陈彬，温才妃．区域高等教育如何跨越"马太效应"陷阱 [N]. 中国科学报，2021－03－09 (005).

[5] 陈放，郑文．"创新""协调""多元"：广东高等教育发展模式的三维解构 [J]. 高教探索，2019 (1)：5－9，16.

[6] 陈红花，尹西明，陈劲，等．基于整合式创新理论的科技创新生态位研究 [J]. 科学学与科学技术管理，2019，40 (5)：3－16.

[7] 陈劲，尹西明．范式跃迁视角下第四代管理学的兴起、特征与使命 [J]. 管理学报，2017，16 (1)：1－8.

[8] 陈劲，尹西明，梅亮．整合式创新：基于东方智慧的新兴创新范式 [J]. 技术经济，2017，36 (12)：1－10，29.

[9] 陈丽媛，刘念才．世界一流大学建设的中国模式及其国际影响 [J]. 教育研究，2019，40 (6)：105－115.

[10] 陈思蒙．公共治理理论对高等教育管理改革的推动 [J]. 江苏高教，2017 (7)：33－35.

[11] 陈涛，唐教成，韩茜．中国共产党治理高等教育的百年进路及基本逻辑 [J]．重庆高教研究，2021，9 (4)：3－15.

[12] 陈武元，曹荭蕾．如何促进我国高校教学从“良心活”向“用心活”转变——基于某研究型大学调查的思考 [J]．现代大学教育，2020，36 (5)：92－101，112.

[13] 陈云贤．中国特色社会主义市场经济：有为政府＋有效市场 [J]．经济研究，2019，54 (1)：4－19.

[14] 陈志．论创新政策趋势与创新政策 3.0 [J]．科技中国，2018 (9)：53－55.

[15] 楚永生．“单边治理”与“共同治理”理论之比较与启示 [J]．江苏社会科学，2004 (5)：94－98.

[16] 代明，殷仪金，戴谢尔．创新理论：1912～2012——纪念熊彼特《经济发展理论》首版 100 周年 [J]．经济学动态，2012 (4)：143－150.

[17] 董必荣，凌华，潘魏灵．我国公办大学内部控制问题研究 [J]．会计研究，2016 (8)：73－80，97.

[18] 窦超，代涛，李晓轩，等．DARPA 颠覆性技术创新机制研究——基于 SNM 理论的视角 [J]．科学学与科学技术管理，2018，39 (6)：99－108.

[19] 段异兵．中国科技改革开放 40 年的回顾与展望 [J]．人民论坛·学术前沿，2020 (2)：58－64.

[20] (法) 皮埃尔·布迪厄．实践与反思：反思社会学引论 [M]．李猛等译．北京：中央编译出版社，1998：17.

[21] 封凯栋，李君然，付震宇．隐藏的发展型国家藏在哪里？——对二战后美国创新政策演进及特征的评述 [J]．公共行政评论，2017，10 (6)：65－85，210－211.

[22] 冯磊．从“精英逻辑”到“市场逻辑”：英国政府高等教育治理体系的变迁 [J]．现代大学教育，2021，37 (2)：49－58.

［23］冯磊．从“精英逻辑”到“市场逻辑”：英国政府高等教育治理体系的变迁［J］．现代大学教育，2021，37（2）：49－58.

［24］盖格，R. 大学与市场的悖论［M］．郭建如，马林霞，译．北京：北京大学出版社，2013：273.

［25］高培勇．理解、把握和推动经济高质量发展［J］．经济学动态，2019（8）：3－9.

［26］耿晔强，白力芳．人力资本结构高级化、研发强度与制造业全球价值链升级［J］．世界经济研究，2019（8）：88－102，136.

［27］辜胜阻，吴华君，吴沁沁，余贤文．创新驱动与核心技术突破是高质量发展的基石［J］．中国软科学，2018（10）：9－18.

［28］广东省教育研究院．2019广东省教育改革发展研究报告［M］．广州：广东省高等教育出版社，2019.

［29］郭威，杨弘业，李明浩．加快建设现代化经济体系的逻辑内涵、国际比较与路径选择［J］．经济学家，2019（4）：59－70.

［30］国家统计局人口和就业统计司．2015年全国1%人口抽样调查资料［M］．北京：中国统计出版社，2016.

［31］哈巍，赵颖．教学相“涨”：高校学生成绩和评教分数双重膨胀研究［J］．社会学研，2019（1）：84－105，243－244.

［32］韩永辉，黄亮雄，王贤彬．产业政策推动地方产业结构升级了吗？——基于发展型地方政府的理论解释与实证检验［J］．经济研究，2017，52（8）：33－48.

［33］何虎生．内涵、优势、意义：论新型举国体制的三个维度［J］．人民论坛，2019（32）：56－59.

［34］何健文，陈敏翼．广东区域创新发展中的马太效应探析［J］．科技管理研究，2019，39（17）：7－11.

［35］洪银兴．改革开放以来发展理念和相应的经济发展理论的演进——兼论高质量发展的理论渊源［J］．经济学动态，2019（8）：10－20.

[36] 洪银兴．以创新的理论构建中国特色社会主义政治经济学的理论体系［J］．经济研究，2016，51（4）：4－13.

[37] 胡德鑫，王轶玮．基于DEA的“985”高校科研竞争力评价［J］．北京理工大学学报（社会科学版），2017，19（4）：163－168.

[38] 胡高强．结构化理论视角下高校“双肩挑”的动因转移、困境及其治理［J］．黑龙江高教研究，2021，39（6）：16－20.

[39] 胡金焱．关于加快推进新时代本科教育改革的思考［J］．中国高教研究，2020（1）：65－69.

[40] 胡娟．理性与自主：历史视野下的德国大学治理现代化［J］．教育研究，2021，42（3）：90－102.

[41] 胡亚荣，徐彬锋，冯敏红．城乡收入差距对广东经济增长倒U型影响分析［J］．改革与战略，2017，33（4）：110－112，130.

[42] 华坚，胡金昕．中国区域科技创新与经济高质量发展耦合关系评价［J］．科技进步与对策，2019，36（8）：19－27.

[43] 黄启兵．民国时期北京大学的管理变革：从“教授治校”到“校长治校”［J］．高等教育研究，2015，36（10）：87－95.

[44] 黄少安，刘海英．制度变迁的强制性与诱致性——兼对新制度经济学和林毅夫先生所做区分评析［J］．经济学动态，1996（4）：58－61.

[45] 黄顺春，何永保．区域经济高质量发展评价体系构建——基于生态系统的视角［J］．财务与金融，2018（6）：46－51.

[46] 黄子洋，余翔，尹聪慧．颠覆性技术的政策保护空间研究——基于战略生态位管理视角［J］．科学学研究，2019，37（4）：607－616.

[47] 黄宗昊．“发展型国家”理论的起源、演变与展望［J］．政治学研究，2019（5）：58－71，127.

[48] 黄宗昊．中国模式与发展型国家理论［J］．当代世界与社会主义，2016（4）：166－174.

[49] 贾诗玥，李晓峰．超越市场失灵：产业政策理论前沿与中国启示

[J]. 南方经济, 2018 (5): 22-31.

[50] 贾永堂, 孔维申. 省级政府高等教育统筹权: 渊源、内涵、困境及对策 [J]. 高等教育研究, 2017, 38 (11): 29-38.

[51] 贾永堂, 张瑜珊. 我国政府治理弱势高校的逻辑预设与政策取向分析 [J]. 高等教育研究, 2019, 40 (9): 30-39.

[52] 江飞涛, 李晓萍. 产业政策中的市场与政府——从林毅夫与张维迎产业政策之争说起 [J]. 财经问题研究, 2018 (1): 33-42.

[53] 江飞涛, 沈梓鑫. 全球产业政策实践与研究的新进展——一个基于演化经济学视角的评述 [J]. 财经问题研究, 2019 (10): 3-10.

[54] 姜磊, 柏玲, 吴玉鸣. 中国省域经济、资源与环境协调分析——兼论三系统耦合公式及其扩展形式 [J]. 自然资源学报, 2017, 32 (5): 788-799.

[55] 蒋兴礼. 试论我国高校权力"制度笼子"的构建 [J]. 学术论坛, 2015, 38 (3): 173-176.

[56] 金碚. 关于"高质量发展"的经济学研究 [J]. 中国工业经济, 2018 (4): 5-18.

[57] 景维民, 王瑶, 莫龙炯. 教育人力资本结构、技术转型升级与地区经济高质量发展 [J]. 宏观质量研究, 2019, 7 (4): 18-32.

[58] 康潇宇. 正风肃纪 守护净土 [N]. 中国纪检监察报, 2018-06-14 (04).

[59] 蓝满榆. 以"放管服"释放高校哲学社会科学创新活力 [N]. 南方日报, 2020-08-31 (A15).

[60] 雷朝滋. 新中国成立70年高校科技创新发展历程与未来展望 [J]. 中国高等教育, 2019 (18): 11-13.

[61] 李春林, 王开薇, 陆风, 林童. 一流大学建设中高校科技创新服务区域经济社会发展研究 [J]. 科技管理研究, 2020, 40 (24): 111-117.

[62] 李大为, 刘英基, 杜传忠. 产业集群的技术创新机理及实现路

径——兼论理解“两个熊彼特”悖论的新视角 [J]. 科学学与科学技术管理，2011，32 (1)：98－103.

[63] 李海萍，上官剑. 教授治校制与董事会制：民国初期大学内部职权体系之比较 [J]. 自然辩证法研究，2011，27 (1)：45－54.

[64] 李华军. 高校财务治理视角下的财务风险演化研究 [J]. 商业会计，2015 (20)：58－59.

[65] 李华军. 高校应用型人才培养的教学改革实践及启示 [J]. 内蒙古财经大学学报，2021，19 (3)：65－68.

[66] 李华军. 关于治理高校财务隐患的思考 [J]. 财会研究，2008 (6)：56－57.

[67] 李华军. 经济高质量发展的协同体系及绩效评价 [J]. 会计之友，2021 (16)：32－37.

[68] 李华军. 经济增长、双轮驱动与创新型国家建设：理论演进与中国实践 [J]. 科学学与科学技术管理，2020，41 (6)：70－90.

[69] 李华军. 区域创新驱动与经济高质量发展的关系及协同效应——以广东省为例 [J]. 科技管理研究，2020，40 (15)：104－111.

[70] 李立国. 大学治理变迁的理论框架：从学术—政府—市场到大学—国家—社会 [J]. 清华大学教育研究，2020，41 (4)：1－9.

[71] 李梦欣，任保平. 新中国70年生产力理论与实践的演进 [J]. 政治经济学评论，2019，10 (5)：62－77.

[72] 李芃. 复旦去行政化改革遇阻 [N]. 21世纪经济报道，2011－01－19 (008).

[73] 李琼，李小球，张蓝澜，吴雄周. 中国地方普通高等教育生均经费的时空演绎分析 [J]. 经济地理，2019，39 (2)：48－57.

[74] 李胜会，朱绍棠. 从实现到转化：高校科技创新演变及效率 [J]. 清华大学教育研究，2020，41 (6)：53－62.

[75] 李太平，张怀英. 高校行政化内涵辨析 [J]. 高教发展与评估，

2021，37（1）：20－28，113－114.

［76］李维安，王世权．利益相关者治理理论研究脉络及其进展探析［J］．外国经济与管理，2007（4）：10－17.

［77］李祥云．中国高等教育对收入分配不平等程度的影响——基于省级面板数据的实证分析［J］．高等教育研究，2014，35（6）：52－58，75.

［78］李芸，战炤磊．新时代区域高质量协调发展的新格局与新路径——以江苏为例［J］．南京社会科学，2018（12）：50－57.

［79］栗晓红．国家权力、符号资本与中国高等教育的等级性和同质性——以新中国成立后的三次重点高校政策为例［J］．北京大学教育评论，2018，16（2）：134－150，190－191.

［80］连莲，叶旭廷．人力资本结构调整对跨越“中等收入陷阱”的影响作用［J］．河北大学学报（哲学社会科学版），2013，38（4）：130－134.

［81］梁明伟．论大学学术管理“泛行政化”及其应对策略——基于组织文化的视角［J］．河北大学成人教育学院学报，2013，15（2）：110－114.

［82］林春艳，孔凡超，孟祥艳．人力资本对产业结构转型升级的空间效应研究——基于动态空间 Durbin 模型［J］．经济与管理评论，2017，33（6）：122－129.

［83］林杰，张德祥．中国高等教育外部治理现代化：理想目标、现实困境及推进策略［J］．中国高教研究，2020（3）：4－10.

［84］林琦．学校治理模式的国际经验及其启示——基于新公共治理理论的比较分析［J］．外国教育研究，2021，48（4）：61－75.

［85］林毅夫．产业政策与我国经济的发展：新结构经济学的视角［J］．复旦学报（社会科学版），2017，59（2）：148－153.

［86］林元新．多视角下高校腐败现象的理论透视与治理对策［J］．福州大学学报（哲学社会科学版），2011，25（5）：98－102.

［87］刘堃，郭菲．城乡内部阶层分化与高等教育机会获得——兼谈高校扩招政策的影响［J］．教育发展研究，2020，40（23）：22－29，58.

[88] 刘丽波，曾毅漫，孙岩，潘哲康．区域经济高质量发展统计监测评价指标体系的构建［J］．中国统计，2018（12）：62－64.

[89] 刘世锦．把市场在资源配置中的决定性作用落到实处［J］．经济研究，2014，49（1）：11－14.

[90] 刘尧，李新春．“学术精英治校”模式与高校廉政风险［J］．黑龙江高教研究，2018，36（7）：83－87.

[91] 柳卸林，丁雪辰，高雨辰．从创新生态系统看中国如何建成世界科技强国［J］．科学学与科学技术管理，2018，39（3）：3－15.

[92] 柳卸林，高雨辰，丁雪辰．寻找创新驱动发展的新理论思维：基于新熊彼特经济增长理论的思考［J］．管理世界，2017（12）：8－19.

[93] 柳卸林，葛爽．探究20年来中国经济增长创新驱动的内在机制——基于新熊彼特增长理论的视角［J］．科学学与科学技术管理，2018，39（11）：3－18.

[94] 柳卸林，孙海鹰，马雪梅．基于创新生态观的科技管理模式［J］．科学学与科学技术管理，2015，36（1）：18－27.

[95] 路晓峰，邓峰，郭建如．高等教育扩招对入学机会均等化的影响［J］．北京大学教育评论，2016，14（3）：131－143，192.

[96] 吕丽，杨崇祺．高校腐败治理的路径依赖与困境突破——基于历史制度主义视角的分析［J］．中国行政管理，2017（8）：68－72.

[97] 吕炜，杨沫，王岩．城乡收入差距、城乡教育不平等与政府教育投入［J］．经济社会体制比较，2015（3）：20－33.

[98] 罗浩．试论政府干预区域经济差距的缘由［J］．经济地理，2006（3）：415－417.

[99] 罗小芳，卢现祥．论创新与制度的适应性效率［J］．宏观经济研究，2016（10）：13－22.

[100] 罗新祜，陈亚艳．跨越“中等收入陷阱”，高等教育可以何为——基于东亚和拉美8个经济体数据［J/OL］．赣南师范大学学报［2021－07－

18]. https://doi.org/10.13698/j.cnki.cn36-1346/c.2021.04.009.

[101] 马聪颖，吴宏超. 一流大学建设高校科技创新效率：差距、影响因素与提升路径 [J]. 高教探索，2021 (2): 53-61.

[102] 马国旺，刘思源. 新中国70年的技术—经济范式追赶历程与领跑机遇 [J]. 科技进步与对策，2016，36 (22): 1-9.

[103] 马茹，罗晖，王宏伟，王铁成. 中国区域经济高质量发展评价指标体系及测度研究 [J]. 中国软科学，2019 (7): 60-67.

[104] 潘浩，皮武. 场域压迫、主体共谋与大学“水课”的生成逻辑 [J]. 江苏高教，2020 (8): 49-54.

[105] 裴以明. 应用型高校“三全育人”综合改革探赜 [J]. 学校党建与思想教育，2021 (10): 44-45，48.

[106] 彭湃. 大学、政府与市场：高等教育三角关系模式探析——一个历史与比较的视角 [J]. 高等教育研究，2006 (9): 100-105.

[107] 彭树宏. 中国大学教育溢价的倒U型演化特征：基于CHIP 1988-2013的证据 [J]. 南方经济，2017 (11): 37-56.

[108] 皮武，葛军. 基于学生发展的大学教学文化危机与重构 [J]. 江苏高教，2019 (7): 48-54.

[109] 戚文闯. 民国时期大学“教授治校”制度的特点分析 [J]. 高教探索，2020 (10): 105-110，128.

[110] 钱玲. 内部控制视角下的高校廉政建设——基于高校103个违纪违法案例的分析 [J]. 国家教育行政学院学报，2018 (12): 33-39.

[111] 任保平. 新中国70年经济发展的逻辑与发展经济学领域的重大创新 [J]. 学术月刊，2019，51 (8): 27-36.

[112] 任莉. 基于合作治理理论的广东省市共建高校治理协调机制研究 [D]. 广州：华南理工大学，2019.

[113] 荣司平. 我国高校内部治理的权力结构及实现方式 [J]. 高教论坛，2021 (6): 67-69，107.

[114] 桑顿 P.，奥卡西奥 W.，龙思博 M. 制度逻辑：制度如何塑造人和组织 [M]. 汪少卿，杜运周，翟慎霄，等，译. 杭州：浙江大学出版社，2020：12-13.

[115] 尚甜甜，缪小明，刘瀚龙，等. 资源约束下颠覆性创新过程机制研究 [J]. 中国科技论坛，2021 (1)：35-43.

[116] 尚伟伟，陆莎，李廷洲. 我国义务教育发展的“中部塌陷”：问题表征、影响因素与政策思路 [J]. 北京大学教育评论，2020，18 (2)：172-186，192.

[117] 邵红伟，靳涛. 收入分配的库兹涅茨倒U曲线是必然还是或然——力量对比决定的一般趋势和特殊演变 [J]. 经济管理，2016，38 (6)：176-188.

[118] 世界银行，联合国教科文组织高等教育与社会特别工作组. 发展中国家的高等教育：危机与出路 [M]. 蒋凯等译. 北京：教育科学出版社，2001：50.

[119] 宋博，刘华，王琳. 高校扩招、阶层分化与农户高等教育投资决策——基于CGSS数据的分析 [J]. 教育学术月刊，2019 (12)：101-108.

[120] 宋晶，陈劲. 全球价值链升级下中国创新驱动发展战略的实施策略 [J]. 技术经济，2016，35 (5)：6-9，61.

[121] 苏荟，刘奥运. “双一流”建设背景下我国省际高校科研效率及影响因素研究——基于DEA-Tobit模型 [J]. 重庆大学学报（社会科学版），2020，26 (1)：107-118.

[122] 苏永伟，陈池波. 经济高质量发展评价指标体系构建与实证 [J]. 统计与决策，2019，35 (24)：38-41.

[123] 孙豪，桂河清，杨冬. 中国省域经济高质量发展的测度与评价 [J]. 浙江社会科学，2020 (8)：4-14，155.

[124] 孙丽昕，廖诗艳. 高等教育政策的冲突与协调——以广东省近年本科高校发展政策为例 [J]. 高教探索，2019 (8)：32-36，52.

［125］陶韶菁，白争辉．基于协整理论的高等教育与区域经济协调发展研究［J］．华南理工大学学报（社会科学版），2016，18（4）：126－132.

［126］汪同三，齐建国．产业政策与经济增长［M］．北京：社会科学文献出版社，1996.

［127］王晨．全国人民代表大会常务委员会执法检查组关于检查《中华人民共和国高等教育法》实施情况的报告［EB/OL］．http：//www.npc.gov.cn/npc/c30834/201910/5e021a6d9c5f4577a0a090c9757ed640.shtml.

［128］王处辉．警惕教育发展中的“马太效应”［J］．人民论坛，2020（Z1）：126－129.

［129］王聪，何爱平．创新驱动发展战略的理论解释：马克思与熊彼特比较的视角［J］．当代经济研究，2016（7）：57－65，97.

［130］王定华．加强高校教师职称评审监管 推动“放管服”改革向纵深发展［J］．中国高等教育，2017（23）：24－27.

［131］王定华，王名扬．中国共产党领导高等教育百年的发展脉络、历史经验与未来走向［J］．中国高教研究，2021（6）：1－8.

［132］王洪才．高等教育评价破“五唯”：难点·痛点·突破点［J］．重庆大学学报（社会科学版），2021，27（3）：44－53.

［133］王慧艳，李新运，徐银良．科技创新驱动我国经济高质量发展绩效评价及影响因素研究［J］．经济学家，2019（11）：64－74.

［134］王家庭，袁春来，李和煦．我国区域塌陷的主要表现、形成机制与治理模式研究［J］．学习与实践，2020（12）：63－74.

［135］王俊．新工业革命与当代资本主义的技术创新悖论［J］．求实，2015（9）：78－85.

［136］王少国，潘恩阳．人力资本积累、企业创新与中等收入陷阱［J］．中国人口·资源与环境，2017，27（5）：153－160.

［137］王少鹏，苗欣茹，席增雷．高校科技创新、空间溢出与区域经济发展［J］．技术经济，2021，40（4）：49－57.

[138] 王水珍，王舒厅．人力资本失灵与马太效应：教育对职业分层的两极分化［J］．华中科技大学学报（社会科学版），2017，31（2）：88－95.

[139] 王思懿．迈向“混合法”规制结构：新公共治理范式下高等教育系统的变革趋势——基于美国、英国、新加坡三国的分析［J］．中国人民大学教育学刊，2017（2）：38－49.

[140] 王思懿，姚荣．新加坡高等教育治理如何走向现代化——基于“治理均衡器”的理论框架［J］．比较教育研究，2018，40（1）：3－12.

[141] 王学龙，袁易明．中国能否跨越中等收入陷阱——制度公平和人力资本的视角［J］．经济评论，2015（6）：3－16.

[142] 王志博．中国区域经济实现高质量发展的思路和政策——基于高质量发展的评价指标体系构建与分析［J］．全国流通经济，2019（6）：86－87.

[143] 魏敏，李书昊．新常态下中国经济增长质量的评价体系构建与测度［J］．经济学家，2018（4）：19－26.

[144] 吴立军，田启波．评“教”还是评“人”？——基于学生评教的有效性研究［J］．高教探索，2020（8）：57－65.

[145] 夏建国，叶林娟，章申．高校“三全育人”协同体制机制及路径创新研究［J］．思想教育研究，2020（10）：152－155.

[146] 向国成，江鑫．城乡教育差距与城市化之间的倒U形关系：理论及实证分析［J］．当代财经，2016（8）：16－23.

[147] 肖军．从管控到治理：德国大学管理模式历史变迁研究［J］．比较教育研究，2018，40（12）：67－74.

[148] 肖柯．大学治理理论的演进趋势与启示——从社会学和教育学的整合角度考察［J］．学术探索，2018（5）：140－145.

[149] 肖起清．大学危机十论［J］．江苏高教，2013（5）：34－37.

[150] 谢凌凌．大学学术权力的垄断及其治理——以“学术权贵”形成和规约为视角［J］．高教探索，2017（3）：18－22.

[151] 谢笑珍．大学学术治理行政化的制度性困境——基于组织行为学的视角 [J]．高教探索，2012 (5)：33 – 37.

[152] 徐大成．大学教师职称晋升中“劣币驱逐良币”现象审视 [J]．教育评论，2019 (5)：114 – 118.

[153] 徐娜，张莉琴．高校扩招对高等教育机会平等的影响——基于断点回归设计的经验证据 [J]．教育科学，2018，34 (2)：45 – 52.

[154] 许长青，郭孔生．粤港澳大湾区高等教育集群发展：国际经验与政策创新 [J]．高教探索，2019 (9)：5 – 13.

[155] 许长青．人力资本、高等教育与区域经济增长——基于广东省的实证分析 [J]．高等工程教育研究，2013 (2)：90 – 96.

[156] 薛新龙，李立国．跨越中等收入陷阱需要什么样的高等教育体系——基于因子分析法的实证研究 [J]．国家教育行政学院学报，2017 (12)：65 – 71.

[157] 荀渊．从高度集中到放管结合——改革开放40年高等教育的体制改革 [J]．探索与争鸣，2018 (8)：27 – 29.

[158] 阎梦娇．我国高等教育重点建设的历史考察与制度审思——基于运动式治理理论的分析 [J]．重庆高教研究，2020，8 (4)：102 – 110.

[159] 杨帆．多维驱动因素的内生经济增长模型——技术进步与人力资本积累的交叉外部性及其增长效应 [J]．工业技术经济，2013，32 (7)：3 – 11.

[160] 杨龙志，刘霞．区域间技术转移存在“马太效应”吗？——省际技术转移的驱动机制研究 [J]．科学学研究，2014，32 (12)：1820 – 1827，1858.

[161] 杨森平，唐芬芬，吴栩．我国城乡收入差距与城镇化率的倒U关系研究 [J]．管理评论，2015，27 (11)：3 – 10.

[162] 杨英杰．中国经济重大结构性失衡与再平衡 [J]．中共中央党校学报，2017，21 (2)：120 – 128.

[163] 姚荣. 高等教育领域“放管服”改革缘何如此之难——基于组织分析的新制度主义视角 [J]. 教育发展研究, 2020, 40 (7): 1-7.

[164] 叶逢福. 我国大学学术组织内部“泛行政化”的识别、成因与治理逻辑 [J]. 江苏高教, 2017 (8): 23-26.

[165] 于海棠. 高校纪委监督权的配置——基于高校内部治理体系的分析 [J]. 国家教育行政学院学报, 2019 (4): 55-63.

[166] 余利川, 段鑫星. 学术权贵的生成理路与制度规约 [J]. 高校教育管理, 2018, 12 (5): 88-96.

[167] 翟红. 地方本科院校发展应用技术类高等教育的误区与纠正 [J]. 黑龙江高教研究, 2020, 38 (7): 44-48.

[168] 张宏宝. 高等教育分层治理: 类型与模式 [J]. 教育发展研究, 2015, 35 (21): 26-30, 51.

[169] 张宏宝. “中国模式”高等教育分层治理的理论框架及模式选择 [J]. 现代教育管理, 2016 (3): 15-19.

[170] 张虎, 周迪. 我国高等教育公平与效率马太效应比较及协调发展实施路径——基于1995~2012年分省份数据的实证研究 [J]. 教育发展研究, 2015, 35 (Z1): 12-18, 28.

[171] 张杰. 把握好政府和市场关系是建设现代化经济体系的关键 [J]. 南京财经大学学报, 2018 (2): 1-8.

[172] 张军扩, 侯永志, 刘培林, 何建武, 卓贤. 高质量发展的目标要求和战略路径 [J]. 管理世界, 2019, 35 (7): 1-7.

[173] 张丽伟, 田应奎. 经济高质量发展的多维评价指标体系构建 [J]. 中国统计, 2019 (6): 7-9.

[174] 张庆强, 孙新波, 钱雨. 双元能力视角下微创新实现过程及机制的单案例研究 [J]. 管理学报, 2021, 18 (1): 32-41.

[175] 张晓明, 陈金圣. 民国时期高等教育行政决策的基本范式及治理启示 [J]. 黑龙江高教研究, 2017 (5): 37-40.

[176] 张学文，陈劲. 使命驱动型创新：源起、依据、政策逻辑与基本标准 [J]. 科学学与科学技术管理，2019，40 (10)：3-13.

[177] 张燕生，梁婧姝. 现代化经济体系的指标体系研究 [J]. 宏观经济管理，2019 (4)：17-24.

[178] 张应强，张浩正. 从类市场化治理到准市场化治理：我国高等教育治理变革的方向 [J]. 高等教育研究，2018，39 (6)：3-19.

[179] 张永凯. 改革开放40年中国科技政策演变分析 [J]. 中国科技论坛，2019 (4)：1-7.

[180] 张震，刘雪梦. 新时代我国15个副省级城市经济高质量发展评价体系构建与测度 [J]. 经济问题探索，2019 (6)：20-31，70.

[181] 张治栋，吴迪. 人力资本结构高级化与产业创新效率提升——基于长江经济带的实证分析 [J]. 当代经济管理，2019，41 (9)：67-74.

[182] 张治河，郭星，易兰. 经济高质量发展的创新驱动机制 [J]. 西安交通大学学报（社会科学版），2019，39 (6)：39-46.

[183] 章文光，Ji L，Laurette D. 融合创新及其对中国创新驱动发展的意义 [J]. 管理世界，2016 (6)：1-9.

[184] 郑文. 本科应用型教育还是本科职业教育：历史演进与现实选择 [J]. 高教探索，2020 (1)：5-10.

[185] 中共中央宣传部. 习近平新时代中国特色社会主义思想学习纲要 [M]. 北京：学习出版社，人民出版社，2019.

[186] 钟晓敏. 新时代高等教育高质量发展论析 [J]. 中国高教研究，2020 (5)：90-94.

[187] 周维富. 我国实体经济发展的结构性困境及转型升级对策 [J]. 经济纵横，2018 (3)：52-57.

[188] 周文. 建设现代化经济体系的几个重要理论问题 [J]. 中国经济问题，2019 (5)：3-14.

[189] 朱方明，刘丸源. 马克思的经济发展理论与西方经济发展理论比

较——兼论中国经济高质量发展的路径 [J]. 政治经济学评论, 2019, 10 (1): 54 - 72.

[190] 朱喜安, 魏国栋. 熵值法中无量纲化方法优良标准的探讨 [J]. 统计与决策, 2015 (2): 12 - 15.

[191] 左崇良, 潘懋元. 美国高等教育治理的核心要义与内外格局 [J]. 江苏高教, 2016 (6): 24 - 30.

[192] Aghion P, Howitt P. A Model of Growth through Creative Destruction [J]. Econometrica, 1992, 60 (2): 323 - 351.

[193] Bailey D, Cowling K, Tomlinson P. New Perspectives on Industrial Policy for a Modern Britain [M]. Oxford: Oxford University Press, 2015.

[194] Barro R J. Inequality and Growth in a Panel of Countries [J]. Journal of Economic Growth, 2000, 5 (1): 5 - 32.

[195] Barry Eichengreen, Donghyun Park, Kwanho Shin. Growth Slowdowns Redux: New Evidence on the Middle-income Trap [J]. Nber Working Papers, 2013, 23 (3): 331 - 343.

[196] Boer H D, et al. On the Way towards New Public Management? The Governance of University Systems in England, the Netherlands, Austria, and Germany [A]. Jansen, D. New Forms of Governance in Research Organizations [C]. Dordrecht: Springer Netherlands, 2007: 137 - 152.

[197] Bower J L, Christensen C M. Disruptive Technologies: Catching the Wave [J]. Harvard Business Review, 1995, 1 (73): 43 - 53.

[198] Breschi S, Malerba F. Sectoral Systems of Innovation: Technological Regimes, Schumpeterian Dynamic and Spatial Boundaries [C] // Edquist C. Systems of Innovation: Technologies, Institutions and Organizations. London: Frances Pinter, 1997, 130 - 156.

[199] Cai Y. From an Analytical Framework for Understanding the Innovation Process in Higher Education to an Emerging Research Field of Innovations in Higher

Education [J]. The Review of Higher Education, 2017, 40 (4): 585 -616.

[200] Carlsson B, Jacobsson S. In Search of a Useful Technology Policy: General Lessons and Key Issues for Policy Makers [M] //Carlsson B. Technological Systems and Industrial Dynamics. Boston: Kluwer Press, 1997, 299 -315.

[201] Carlsson B, Stankiewitz R. On the Nature, Function and Composition of Technological Systems [J]. Journal of Evolutionary Economics, 1991, 1 (2): 93 -118.

[202] Carlsson B. Technological Systems and Economic Performance: The Case of Factory Automation [M]. Boston, Dordrecht and London: Kluwer Academic Publishers, 1995.

[203] Christensen C M, Mcdonald R, Altman E J, et al. Disruptive Innovation: An Intellectual History and Directions for Future Research [J]. Journal of Management Studies, 2018, 55 (7): 1043 -1078.

[204] Christensen C M, Ojomo E, Dillon K. Cracking Frontier Markets [J]. Harvard Business Review, 2019c, 97 (1): 90 -101.

[205] Christensen C M, Ojomo E, Dillon K. The Prosperity Paradox: How Innovation Can Lift Nations Out of Poverty [M]. New York: Harper Collins, 2019a.

[206] Christensen C M, Ojomo E, Gay G D E A. The Third Answer: How Market-creating Innovationdrives Economic Growth and Development [J]. Innovations: Technology, Governance, Globalization, 2019b, 3 -4 (12): 10 -26.

[207] Christensen C M, Raynor M E, Mcdonald R. What Is Disruptive Innovation [J]. Harvard Business Review, 2015 (93): 44 -53.

[208] Christensen C M, Rosenbloom R S. Explaining the Attacker's Advantage: Technological Paradigms, Organizational Dynamics, and the Value Network [J]. Research Policy, 1995, 24 (2): 233 -257.

[209] Christensen C M. The Innovator's Dilemma [M]. Boston: Harvard

Business Review Press, 1997: 56 –65.

[210] Christensen C M, Van B R D. The Capitalist's Dilemma [J]. Harvard Business Review, 2014, 6 (92): 60 –68.

[211] Cimoli M, Dosi G, Stiglitz J E. The Rationale for Industrial and Innovation Policy [J]. Intereconomics, 2015, 50 (3): 120 –155.

[212] Clark B R. The Higher Education System: Academic Organization in Cross-national Perspective [M]. Berkeley: University of California Press, 1986: 143.

[213] Cooke P. Regional innovation systems: Competitive regulation in the new Europe [J]. Geoforum, 1992, 23 (3): 365 –382.

[214] David O, Ted G. Reinventing Government: How the Entrepreneurial Spirit is Transforming the Public Sector [M]. New York: Addison-Wesley Publishing Company, 1992.

[215] Davis L E, North D C. Institutional Change and American Economic Growth [M]. London: Cambridge University Press, 1971.

[216] Freeman C. Technology Policy and Economic Performance: Lessons From Japan [M]. London: Printer Publishers, 1987.

[217] Geels F W. Technological Transitions as Evolutionary Reconfiguration Processes: A Multi-level Perspective and a Case-study [J]. Research Policy, 2002, 31 (8 –9): 1257 –1274.

[218] Habtay S R. A Firm-level Analysis on the Relative Difference between Technology-driven and Market-driven Disruptive Business Model Innovations [J]. Creativity and Innovation Management, 2012, 21 (3): 290 –303.

[219] Henry E, Magnus K. The Innovating Region: Toward a Theory of Knowledge-based Regional Development [J]. R&D Management, 2005, 35 (3): 243 –255.

[220] Hood C. A Public Management for All Seasons [J]. Public Administration, 1991, 69 (spring): 4.

[221] Johnson C. MITI and the Japanese Miracles: The Growth of Industrial Policy 1925 – 1975 [M]. Stanford, CA: Stanford University Press, 1982.

[222] Kemp R, Schot J, Hoogma R. Regime Shifts to Sustainability Through Processes of Niche Formation: The Approach of Strategic Niche Management [J]. Technology Analysis and Strategic Management, 1998, 10 (2): 175 – 196.

[223] Kuznets S. Economic Growth and Income Inequality [J]. The American Economic Review, 1955, 45 (1): 1 – 28.

[224] Laranja M, Uyarra E, Flanagan K. Policies for Science, Technology and Innovation: Translating Rationales into Regional Policies in a Multi-level Setting [J]. Research Policy, 2008 (37): 823 – 835.

[225] Lucas R E. On the Mechanics of Economic Development [J]. Journal of Monetary Economics, 1988, 22 (1): 3 – 42.

[226] Lucas, Robert E. J. On the Mechanic of Economic Development [J]. Journal of Monetary Economics, 1988 (22): 3 – 42.

[227] Lundvall Bengt-Ake. National Systems of Innovation [M]. London: Printer Publisher, 1992.

[228] Mansfield, Edwin. The Economics of Technological Change [M]. London: Longmans, Green and Co. , 1969.

[229] Mazzucato M. From Market Fixing to Market-creating: A New Framework for Innovation Policy [J]. Industry and Innovation, 2016, 23 (2): 140 – 156.

[230] Mazzucato M. The Entrepreneurial State: Debunking Public vs. Private Sector Myths [M]. London: Anthem Press, 2013.

[231] Nelson R R, Winter S G. An Evolutionary Theory of Economic Change [M]. Cambridge: Harvard University Press, 1982.

[232] North D C. Economic Performance Through Time [J]. American Economic Review, 1994, 84 (3): 359 – 368.

[233] North D C. Institutions, Institutional Change And Economic Perform-

ance [M]. Cambridge: Cambridge University Press, 1990.

[234] OECD. Changing Patterns of Governance in Higher Education [EB/OL]. [2018 - 01 - 10] [2021 - 07 - 20]. https: //www. oecd. org/education/skills-beyond-school/35747684. pdf.

[235] Rutton V W. Induced Innovation: Technology, Innovation and Development [M]. Baltimore: Johns Hopkins University Press, 1978.

[236] Schumpeter J A. The Theory of Economic Development [M]. Harvard University Press, Cambridge, MA, 1934.

[237] Sebastian Niedlich et al. Assessment of Sustainability Governance in Higher Education Institutions—A Systemic Tool Using a Governance Equalizer [J]. Sustainability, 2020, 12 (5).

后　　记

本书关于新时代高等教育与区域经济发展这一研究主题的构思，起源于本人硕士研究生毕业入职高校至今十五年的工作经历及职业发展过程。十五年的职业生涯，三个阶段的不同工作经历与工作单位，都与高等教育这一领域有着密切的关系。第一段经历是在省会城市的省属重点高校从事财务工作，七年的财务工作经历使本人对大学治理和行政服务积累了些许感悟。第二段经历是于省教育主管部门挂职锻炼一年，挂职期间有机会从宏观层面的业务监管和政策实施视角领悟些许高等教育的发展规划以及省属高校这一办学主体群体的实践共性及差异。第三段经历是在欠发达地区的地方普通本科院校从事教学科研工作，七年的教学科研工作经历使本人得以从微观层面的教学实践活动体会地方院校人才培养质量提升的课堂引领作用及现实困境，而其中两年时间的二级学院教学主管工作经历也使本人有机会从中观层面的人才培养体系建设及教学管理与改革视角明晰地方普通院校教育教学改革深入推进的难点及重点。

上述三段不同的工作经历，见证了两所不同类型高校的发展过程，也留意到了众多高校的发展差异及共性问题。十五年的高校行政服务及教学科研等相关工作构成的职业生涯，加上之前作为高等教育扩招政策实施第一年的受益者身份进入大学一并完成硕士学业的七年学习经历，也让本人有机会从学生与教师、实践与理论、管理与服务、宏观与微观、历史与现实等多层次多维度的视角去观察和感受高等教育的发展过程、改革进程以及高校人才培养、科学研究和社会服务等相关领域和环节的业务实践及运行模式。第一、二段工作经历过程中，曾想从高校财务视角对大学治理展开较为系统的研究，但由于在职攻读博士学位期间研究方向的差异而使得研究计划止步于粗浅的尝试。近两三年，在高等教育领域综合改革深入推进的时代背景下，本人借助获得立项的省级教学改革研究项目尝试开展课堂教学实践改革及研究活动，在取得阶段性研究成果的同时也经历不少困境与困惑。而这些日常教学反思、困惑及教学改革过程中面临的困境，连同在区域经济、创新管理领域开展学术研究过程中遇到的困惑，一并激发起本人重新拾起围绕高等教育治理及相关领域展开较为系统研究的兴趣。于是，结合上述三段工作经历的心得体会及观察收获，立足于经济高质量发展、高等教育“放管服”改革等时代背景以及教育、经济及科技深度融合的发展趋势，在本人及研究团队前期相关领域的教研教改项目以及科研项目阶段性成果的基础上，形成了本书有关“高等教育与区域经济高质量发展”的研究范畴以及“创新、协调及治理”的三大主题。在此，感谢现有职业生涯中的三段工作经历和相应工作单位以及在不同阶段和单位所遇到的人和事，让本人得以将高校十五年职业生涯中的工作体会、教学反思和研究点滴汇聚成章并付梓成册。

本书基于新时代背景及高等教育与区域经济发展内在关系勾勒的“创新、协调及治理”三大主题，主题之间的架构凝聚略显粗糙，有关内在机理的实证研究不够深入，在部分问题治理上也没有达成精准施策的效果而只是给出了方向性、策略性的思路或建议，在此还请各位专家和读者见谅。但正如本书综合借鉴演化经济学、制度变迁理论、新公共治理理论、利益相关者理论等思想构建的高等教育治理体系变迁分析框架及多层共生动态均衡治理模式，说明了新时代的高等教育治理体系建设是一项复杂的系统工程，涉及多层次多维度的主体及要素的交互作用和动态演化，单一单边的治理逻辑不再适用，也没有一成不变的治理模式和治理机制，多元协同、共治共享、动态均衡才是高等教育良法善治的体现，用辩证思维和发展的眼光看问题才能更好地把握高等教育运行规律和治理逻辑，更好地推动高校人才培养质量的提升、教学文化生态的优化以及高等教育事业的持续健康发展，更好地发挥高等教育助推区域经济高质量发展的作用。

因此，本书重点在于基于历史逻辑、理论逻辑及实践逻辑相结合的视角系统阐释高等教育驱动区域经济高质量发展的成效及问题、治理困境及生成机理等，尝试为高等教育领域综合改革及高等教育治理体系建设深入推进过程的政策设计者、决策者、管理者以及相关研究人员提供思考的方向和借鉴的思路，希望能够起到一些抛砖引玉的作用，也敬请相关专家和读者批评指正。

李华军

2021 年 8 月于肇庆